Kochen für Diabetiker

© Naumann & Göbel Verlagsgesellschaft mbH, Köln
Alle Rechte vorbehalten
Text Einleitung: Anne Iburg
Ernährungswissenschaftliche Überarbeitung der Rezepte: Anne Iburg
Fotos: TLC Fotostudio
Coverfoto: StockFood
Gesamtherstellung: Naumann & Göbel Verlagsgesellschaft mbH
ISBN 978-3-625-12032-2
www.naumann-goebel.de

Richtig essen - gesund leben

KOCHEN FÜR DIABETIKER

Abwechslungsreiche Rezepte für den ganzen Tag

Inhalt

Vorwort

Die erfreuliche Nachricht zuerst: Eine strenge Diabetesdiät, bei der Zucker absolut verboten ist, gibt es heute nicht mehr. Was vor Jahren noch als Diabetesdiät bezeichnet wurde, ist heute eine moderne, abwechslungsreiche und schmackhafte Kost. Das Gute daran ist, dass Sie die gleichen Gerichte essen können wie der Rest der Familie. Das erleichtert Ihr Leben sehr. Es muss weder extra für Sie gekocht werden, noch müssen Sie aufs Essen außer Haus verzichten.

Doch natürlich spielt nach wie vor die Ernährung eine große Rolle in der Behandlung des Diabetes mellitus. In diesem Kochbuch erfahren Sie, wie lecker Gerichte speziell für Diabetiker schmecken können!

Was bedeutet Diabetes?

Diabetes mellitus bedeutet sinngemäß ins Deutsche übersetzt „honigsüßer Durchfluss", das deutsche Wort lautet passenderweise: Zuckerkrankheit. Es handelt sich dabei um einen Sammelbegriff für verschiedene Störungen des Stoffwechsels, bei denen eine Überzuckerung des Blutes (Hyperglykämie) auftritt. Die Ursache ist entweder ein Insulinmangel oder eine Insulinunempfindlichkeit. Bisweilen ist auch eine Mischung aus beidem der Grund für die Zuckerkrankheit. Ist Insulinmangel die Ursache, so spricht man von Typ-1-Diabetes. Handelt es sich dagegen um eine Unempfindlichkeit, so spricht man von Typ-2-Diabetes, der auch unter dem Begriff „Altersdiabetes" bekannt ist. Aber der Begriff ist irreführend: Während früher tatsächlich in der Regel alte Menschen an dieser Form des Diabetes erkrankten, sind heutzutage auch immer mehr Kinder davon betroffen. Als Hauptursachen gelten Übergewicht und Bewegungsmangel. Doch was ist eigentlich das Insulin, das für den Zuckerhaushalt eine so zentrale Bedeutung hat? Bei diesem Stoff handelt es sich um ein Hormon, das in der Bauchspeicheldrüse gebildet wird. Seine Hauptaufgabe ist der Transport von Zucker aus der Blutbahn hin zu den arbeitenden Organen, insbesondere zu Gehirn, Herz und Muskeln, um diese mit Energie zu versorgen.

Diabetes tut nicht weh und wird daher von vielen Patienten am Anfang nicht ernst genommen, doch die Folgen eines schlecht eingestellten Diabetes sind fatal. Es kommt zu Veränderungen in den Gefäßen. Die Gefahr, einen Herzinfarkt oder Schlaganfall zu bekommen, steigt rapide. Durchblutungsstörungen in allen Organen schwächen deren Funktion. So lässt sich erklären, dass viele Diabetes-Patienten irgendwann Probleme mit der Sehkraft bekommen. Es ist daher wichtig, frühzeitig etwas gegen den Diabetes zu tun. Um so früh wie möglich reagieren zu können, sollte der Blutzuckerspiegel regelmäßig untersucht und die Kontrolluntersuchungen beim Arzt ernst genommen werden.

Wie beeinflusst das Essen den Blutzuckerspiegel?

Eiweiß, Fett und Kohlenhydrate sind die Energieträger unserer Nahrung. Täglich nehmen wir diese drei Hauptnährstoffe in unterschiedlicher Zusammensetzung mit unserem Essen auf. Der Verzehr von kohlenhydrathaltigen Nahrungsmitteln erhöht den Zuckerspiegel im Blut. Stoffwechselgesunde können über die Ausschüttung des Hormons Insulin den Blutzuckergehalt im Blut besser im Gleichgewicht halten als Diabetiker. Durch den Insulinmangel steigt bei ihnen nach einer kohlenhydrathaltigen Mahlzeit der Blutzuckerspiegel unerwünscht hoch an und sinkt auch nur sehr langsam wieder ab. Für den Alltag bedeutet dies allerdings nicht, dass überhaupt keine Kohlenhydrate mehr gegessen werden dürfen, sondern dass sie über den Tag verteilt und sehr ausgewählt gegessen werden. Nicht umsonst empfehlen die führenden Fachgesellschaften für Diabetes einen Kohlenhydratanteil von 50 Prozent am Energieanteil in der Ernährung des Diabetikers – das ist genauso hoch wie beim Gesunden.

Was heißt „ausgewählt" Kohlenhydrate essen?

Kohlenhydrate lassen sich grob in zwei Gruppen aufteilen: Zum einen gibt es Kohlenhydrate, die schnell aus dem Darm in die Blutbahn aufgenommen werden und den Blutzuckerspiegel hochschnellen lassen. Zum anderen gibt es Kohlenhydrate, die langsamer in die Blutbahn gelangen und somit nicht so starke Blutzuckerspitzen auslösen. Zu den schnell aufnehmbaren Kohlenhydraten gehören zum Beispiel Zucker, Weißmehlprodukte, Honig, zuckerhaltige Getränke, Fruchtsäfte und auch Obst. Zu den langsam aufnehmbaren, kohlenhydrathaltigen Lebensmitteln

zählen beispielsweise Vollkornbrot, Vollkornreis, Haferflocken, Kartoffeln, Hülsenfrüchte und Gemüse.

Der Anstieg des Blutzuckerspiegels verzögert sich bei einem hohen Ballaststoffgehalt und auch bei einem Fettanteil in der jeweiligen Mahlzeit. An einem einfachen Praxisbeispiel erklärt, bedeutet dies: ein Glas Orangensaft führt zu einem schnelleren Anstieg des Blutzuckers als eine Orange, die als ganze Frucht mehr Ballaststoffe hat als der ausgepresste Saft. Isst man aber zum Orangensaft ein Vollkornbrot, dünn mit Butter bestrichen und mit Käse belegt, dann wird die Aufnahme des Zuckers ins Blut deutlich verlangsamt und die Blutzuckerspitze steigt nicht so hoch wie nach dem Verzehr einer Orange. Die Kohlenhydratmenge ist bei der kompletten Mahlzeit zwar größer und damit wird der Blutzuckerspiegel über einen längeren Zeitraum ansteigen, aber er wird keine so hohe Spitze erreichen – und die Spitzen sind das, was es hauptsächlich zu vermeiden gilt.

Ganz allgemein heißt das: statt Weißmehlbrötchen lieber Vollkornbrot essen, statt 2 Bananen am Stück, lieber eine Banane mit einem Naturjoghurt essen und statt Cornflakes und anderen aufbereiteten Frühstücksceralien lieber auf Müsli und Haferflocken umsteigen.

BE, KE und KHE – was ist das eigentlich?

Diese Abkürzungen führen immer zu großen Verwirrungen. Zugegebenermaßen ist es auch schade, dass es nicht nur eine Einheit gibt, wo sie doch alle so nahe beieinanderliegen. Auf den Kohlenhydratgehalt der Lebensmittel sollen Diabetiker ein besonders Augenmerk legen. Um dies zu vereinfachen, ist die Einheit BE (Broteinheit) im Westen der Republik und KE (Kohlenhydrateinheit) in der ehemaligen DDR entwickelt worden. Daneben gibt es etwa seit der Wiedervereinigung den Wert KHE (Kohlenhydrateinheit). Unter einer BE (Broteinheit) versteht man 12 g Kohlenhydrate und eine KE oder KHE (Kohlenhydrateinheit) entspricht 10 g Kohlenhydrate. Da dies nur Schätzhilfen sind haben wir die Werte zusammengefasst, denn bei vielen Lebensmitteln, wie z. B. bei einem Apfel schwanken die Kohlenhydratanteile je nach Jahreszeit und auch Sorte sehr.

Alle kohlenhydrathaltigen Lebensmittel werden daher in Form dieser Einheiten berechnet. Es gibt somit auch Lebensmittel, die aus der Berechnung rausfallen, da sie keine oder nur in kleinen Mengen Kohlenhydrate enthalten.

Als Faustregel gilt: Alle pflanzlichen Lebensmittel sowie Milch und Milchprodukte enthalten Kohlenhydrate. Sie werden somit auch als Broteinheiten bzw. Kohlenhydrateinheiten angerechnet. Süßigkeiten, Knabberartikel, Kuchen und auch Fertiggerichte haben ebenfalls größere Mengen an Kohlenhydraten und werden daher auch berechnet. Gemüse, das nur einen geringen Kohlenhydratanteil hat, ist bei Portionen unter 200 g anrechnungsfrei. Ein grüner Beilagensalat zum Beispiel oder ein Gurkensalat haben so wenige Kohlenhydrate, dass diese nicht angerechnet werden müssen.

Kohlenhydrathaltige Lebensmittelgruppen mit BE, KE und KHE

- Brot und Backwaren

- Körner und Mehle

- Reis und Nudeln

- Kartoffeln und Kartoffelerzeugnisse

- Hülsenfrüchte wie Bohnen, Erbsen, Mais und Linsen

- Obst und Obstsäfte

- Milch und Milchprodukte

- Nüsse und Samen

- Zucker und Honig

- zuckerhaltige Getränke, wie Limonaden, Eistee

- Süßigkeiten und Knabberartikel

- Fertiggerichte und Halbfertiggerichte

- Diabetikerprodukte und Diätschokolade

Glykämischer Index – auch so ein Fachwort

Aufgrund ihrer unterschiedlichen Zusammensetzung können Lebensmittel mit gleichem Kohlenhydratanteil zu einem unterschiedlich schnellen und damit auch unterschiedlich hohen Blutzuckeranstieg führen. Diese Wirkung auf den Blutzuckerspiegel wird als glykämischer Index bezeichnet. Die Basis für diesen Index ist der Traubenzucker. Sein Index wird gleich 100 gesetzt. Damit verglichen wird die Blutzuckerwirksamkeit von anderen Lebensmitteln. Je niedriger also der glykämische Index eines Nahrungsmittels ist, umso langsamer ist der Blutzuckeranstieg. Ein langsamer Blutzuckeranstieg ist empfehlenswert für Diabetiker, ein schneller, hoher Anstieg dagegen muss vermieden werden.

Vollkornprodukte, Hülsenfrüchte und Gemüse haben einen sehr niedrigen glykämischen Index, da sie viele Ballaststoffe enthalten und nur wenige schnell aufnehmbaren, das heißt: resorbierbare Kohlenhydrate. Orangensaft sowie zuckerhaltige Getränke, Cornflakes und Toastbrot weisen dagegen einen hohen Wert auf, da ihr Anteil an schnell resorbierbaren Kohlenhydraten hoch ist und der Ballaststoffanteil gering.

Der glykämische Index ist aber keine feste Größe. Ein Brot mit Butter und Käse belegt, hat einen niedrigeren glykämischen Index als eine Scheibe Brot ohne alles. Aufgrund dieser Schwankungen in der Kombination mit anderen Lebensmitteln konnte sich der glykämische Index bisher als Orientierungshilfe bei Diabetikern zwar nicht durchsetzen – eine Orientierung über verschiedene Do's und Dont's bei Lebensmitteln bietet er dennoch.

Ausgewogene Ernährung leicht gemacht – die Ernährungspyramide

Sich ausgewogen zu ernähren ist nicht schwer, es gibt lediglich ein paar Grundregeln zu beachten. Die Ernährungspyramide verdeutlicht diese Grundregeln und stellt bildlich dar, worauf es bei der Auswahl von Lebensmitteln ankommt. Das Gute dabei: Nichts ist verboten – allein die Menge ist entscheidend. Als Faustregel gilt: Je größer die dargestellte Lebensmittelgruppe ist, umso häufiger und reichlicher können Sie davon essen.

Reichlich trinken
Der Körper braucht zusätzlich zum Essen 1,5 bis 2 Liter Flüssigkeit am Tag. Der beste Durstlöscher ist Wasser, denn es versorgt uns ganz ohne Kalorien mit Flüssigkeit. Auch ungezuckerte Kräuter- und Früchtetees stillen den Durst, ohne dick zu machen.

Grenzenloser Genuss – Obst und Gemüse
Die Grundlage für eine gesunde Ernährung besteht in fünf Portionen Obst und Gemüse pro Tag, idealerweise verteilt auf 3 Portionen Gemüse und 2 Portionen Obst. Egal ob frisch geerntet, tiefgefroren, gekocht oder als Saft: Insgesamt etwa 500 bis 800 Gramm sollten es sein. Das hört sich sich für den einen oder die andere sicher schwerer an, als es ist, denn mit ein paar Tricks lassen sich die Vitamin-Portionen wunderbar in die Ernährung integrieren. Beim Obst können Sie sich schon zum Frühstück einen Apfel oder eine Banane ins Müsli schnippeln und nachmittags einen Fruchtshake mixen. Um auf drei Gemüseportionen zu kommen, können Sie sich zum Beispiel angewöhnen, jede Ihrer Mahlzeiten durch eine üppige

Glykämischer Index verschiedener Lebensmittel innerhalb ihrer Lebensmittelgruppe

hoch	mittel	niedrig
Weißbrot	Roggenbrot	Vollkornbrot
Kartoffelbrei	Pellkartoffeln mit Quark	Pellkartoffeln mit Gemüsebeilage und Quark
Laugenbrezel	Körnerbrötchen	Vollkornbrötchen
Minutenreis	Parboiled Reis	Naturreis
Orangensaft	zuckerfreier Erdbeer-Milch-Shake	Buttermilch
Früchtejoghurt	Diät-Früchtejoghurt	Naturjoghurt
–	Tomatensaft	Tomaten-Mozzarella-Salat

Gemüsebeilage, einen Salat oder eine Rohkost, zu bereichern. Oder kochen Sie Gerichte, die überwiegend aus Gemüse und Hülsenfrüchten bestehen!

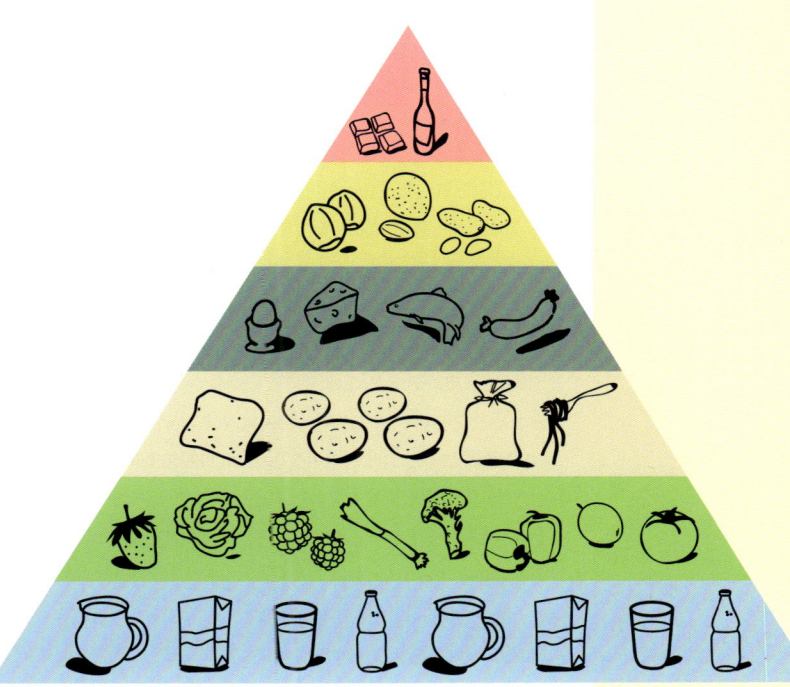

Brot, Kartoffeln, Reis & Co.
In diesen Lebensmitteln stecken wertvolle Kohlenhydrate, Vitamine, Mineralien und reichlich Ballaststoffe. Vollkornbrot und Getreideflocken sind ganz besonders ausgezeichnete Sattmacher. Kartoffeln, Nudeln oder Reis sind die Basis einer Hauptmahlzeit und sollten möglichst naturbelassen sein.

Milch und Milchprodukte
Diese Lebensmittel liefern hochwertiges Eiweiß, B-Vitamine und viel Calcium für feste und stabile Knochen. 1/4 l Milch oder 250 g Joghurt und 2—3 Scheiben Käse decken allerdings bereits den Calciumbedarf. Am besten mixen Sie Naturjoghurt und -quark mit frischem Obst.

Fleisch und Wurstwaren
Nur 2- bis 3-mal die Woche Fleisch und Wurst reichen aus, um optimal mit wertvollem Eiweiß, Zink und Eisen versorgt zu sein. Bevorzugen Sie Fleisch- und Wurstsorten mit wenig Fett.

Fisch
Seefisch ist besonders gesund. In ihm stecken Jod, Omega-3-Fettsäuren und hochwertiges Eiweiß. Seelachs, Kabeljau und Rotbarsch sollten daher mindestens einmal pro Woche gegessen werden. Lachs, Hering, Makrele oder Thunfisch zählen zwar zu den Fettfischen — allerdings punkten sie aufgrund der Omega-3-Fettsäuren. Daher sollten auch Sie, wenn kein Übergewicht besteht, wöchentlich einmal auf dem Speiseplan stehen. Übrigens: Omega-3-Fettsäuren sind mehrfach ungesättigte Fettsäuren, die vor allem in Fisch vorkommen und vor Herz-Kreislauf-Erkrankungen schützen.

Öl und Butter
Mit Fetten sollte insgesamt sparsam umgegangen werden, da schon viele Fette versteckt in der Nahrung enthalten sind. Achtet man auf Sparsamkeit, muss im Gegenzug nicht auf fettreduzierte Varianten, wie Diät-Margarine zurückgegriffen werden. Außerdem sollten bevorzugt hochwertige Öle verwendet werden. Im Alltag bedeutet das: Butter oder Margarine dünn aufs Brot streichen und hochwertiges Öl wie Oliven-, Raps- und Sonnenblumenöl sowohl in der kalten wie auch warmen Küche verwenden.

Die süße Alternative

Auch wenn das Verbot „Zucker zu essen" längst aufgehoben ist, sollen Diabetiker mit Zucker sparsam umgehen. 30 bis 50 g Zucker, in Gerichten verpackt, dürfen am Tag verzehrt werden. Kaffee oder Tee sollten weiterhin nicht mit Zucker gesüßt werden und auch eine zuckerhaltige Limonade sind leere Kalorien, die nur unnötig den Blutzuckerspiegel ansteigen lassen.

Eine Alternative zum Zucker sind Süßstoffe: Sie liefern praktisch keine Energie, sind frei von Kohlenhydraten und müssen daher nicht angerechnet werden. In der Europäischen Union sind mittlerweile acht verschiedene Süßstoffe zugelassen. Meist werden sie kombiniert eingesetzt, denn im Verbund steigert sich die Süßkraft und sie kopieren besser den Geschmack von Zucker. Süßstoffe haben eine wesentlich höhere Süßkraft als Zucker und werden daher nur in kleinsten Dosen verwendet. So reichen schon wenige Tropfen aus, um einen ganzen Nachtisch zu süßen.

Sehr häufig werden Süßstoffe mit den Zuckeraustauschstoffen verwechselt. Diese werden zwar noch bei Diabetiker-Lebensmitteln eingesetzt, doch werden sie heute nicht mehr empfohlen. Sie haben ähnlich viele Kalorien und Kohlenhydrate wie Zucker und lösen in größeren Mengen oft Verdauungsbeschwerden aus.

Viele praktische Tipps zum Fettsparen!

Da die Mehrzahl der Diabetiker mit dem Gewicht zu kämpfen hat und eine Gewichtsabnahme einen positiven Einfluss auf den Blut-

zuckerspiegel hat, sollte fettarm gegessen werden. Ohne Probleme und Geschmacksverluste lässt sich beim Kochen sehr viel Fett einsparen. Grundvoraussetzung ist lediglich die Bereitschaft dazu! Hier ein paar Tipps:

- Verwenden Sie beschichtete Pfannen, Töpfe und Backformen. Diese müssen meist nur mit Öl ausgepinselt werden.

- Bratschlauch und Tontopf sind ideal zum fettarmen Schmoren und Garen von Fleisch und Gemüse.

- Sahne und Crème fraîche gegen saure Sahne und fettarme Sojacreme austauschen.

- Verzichten Sie auf Paniertes und Frittiertes.

- Kochen Sie viel im Wok, das geht schnell und ist gesund.

- Verwenden Sie stets fettarme Milchprodukte: Milch und Joghurt mit 1,5% Fett, Magerquark und Käse möglichst mit max. 45% Fett i. Tr.

- Anstelle von fetter Wurst legen Sie magere Wurstsorten aufs Brot. Magere Aufschnitte sind all jene in Aspik sowie Corned beef, Geflügelwurst, kalter Braten und Schinken. Beim Schinken sollten Sie aber den Fettrand abschneiden.

Essen außer Haus!

Auswärts essen ist heutzutage für Diabetiker kein Problem mehr. Ob in der Kantine, im Restaurant oder im Urlaub – Diabetiker finden stets ein passendes Gericht. Da es sich bei ihrer idealen Ernährung um eine abwechslungsreiche Mischkost handelt und Zucker auch nicht mehr verboten ist, findet sich überall etwas. Ein Schweineschnitzel paniert ist nicht ideal, aber ein Schnitzel natur mit viel frischem Gemüse eine leckere Alternative. Auch eine Pizza Margherita stellt kein Problem dar. Ihr sollte der Vorzug gegeben werden, wenn die Alternative zum Beispiel eine Pizza quattro formaggi wäre. Wichtig zum Auswärtsessen: Sie müssen die Broteinheiten bzw. Kohlenhydrateinheiten der Gerichte in etwa einschätzen können. Hier hilft Ihnen jedoch unser kleines, handliches Begleitbuch, dass Sie ohne Probleme überall mit hinnehmen können.

Reserve gegen Unterzuckerung!

Wenn Sie Insulin spritzen oder blutzuckersenkende Medikamente einnehmen, sollten Sie stets schnell aufgenommene Kohlenhydrate mit sich führen. Geeignet sind Traubenzucker oder auch zuckerhaltige Lutschbonbons sowie eine Trinkportion Orangensaft. Wenn Sie eine Unterzuckerung bemerken, können Sie diese dann schnell essen bzw. trinken und somit wird Schlimmeres vermieden.

Ein Prosit auf die Gemütlichkeit!

Auf Alkohol muss der Diabetiker nicht unbedingt verzichten, doch sollte er sich mit der blutzuckererhöhenden sowie auch -senkenden Wirkung auskennen. Viele alkoholische Getränke haben zunächst eine blutzuckererhöhende Wirkung, die jedoch später zu einem rapiden Blutzuckerabfall führen kann. Da Alkohol die Neubildung von Zucker in der Leber hemmt und der Körper dadurch keine Reserven an Zucker bilden kann, setzt die blutzuckersenkende Wirkung des Alkohols bei leerem Magen relativ schnell ein. Außerdem senkt Alkohol generell die Entleerung des Mageninhaltes, sodass Kohlenhydrate langsamer ins Blut gelangen. So ist es sinnvoll, vor dem Gläschen Wein oder Bier langsam resorbierbare Kohlenhydrate wie Brot, Reis, Nudeln oder Kartoffeln zu verzehren. Auch nach körperlicher Aktivität, wie Sport oder Gartenarbeit, kann der Genuss von Alkohol schnell zu einer Unterzuckerung führen.

Alkoholische Getränke mit blutzuckersteigender Wirkung:

- Biere wie Pils, Export, Kölsch, Hefeweizen und Light-Biere sowie auch alkoholfreie Biere

- Weine mit mehr als 9 g Restzucker, dazu gehören halbtrockene und süß ausgebaute Weine, Portwein und Sherry

- Sektartige Weine mit Ausnahme von „brut" und „extra-brut" bzw. „dry" und „extra-dry"

- Aufgesetzte Brände, wie z. B. Apfelkorn, und Liköre

Steckbrief: Typ-1-Diabetes

Bei Typ-1-Diabetes produziert die Bauchspeicheldrüse zu wenig oder kein Insulin mehr, das den Zucker aus dem Blut in die Zellen schleust. Damit der Blutzucker nicht in astronomische Höhen schnellt, müssen Typ-1-Diabetiker Insulin spritzen. Durch die mehrmals tägliche Spritzen von Insulin kann der Zucker aus dem Blut in die Zelle gelangen. Dazu ist neben einer individuellen Grundmenge an Insulin (Basalrate) eine bestimmte Menge zur jeweiligen kohlenhydrathaltigen Mahlzeit (Bolus) nötig. Diabetes ist eine chronische Erkrankung und bedarf einer lebenslangen Therapie. Der Betroffene kann durch eine gesunde Lebensführung wie eine ausgewogene Mischkost und regelmäßige Bewegung jedoch aktiv zum positiven Verlauf der Erkrankung beitragen.

Steckbrief: Typ-2-Diabetes

Mit mehr als 5 Millionen Typ-2-Diabetikern ist dieser Diabetes-Typ in Deutschland zu einer Volkskrankheit geworden. Es handelt es sich um eine Störung, bei der Insulin zwar vorhanden ist, an seinem Zielort, den Zellmembranen, aber nicht richtig wirken kann (Insulinresistenz). In den ersten Lebensjahrzehnten kann meistens die Bauchspeicheldrüse diese Störung durch die Produktion hoher Insulinmengen ausgleichen. Irgendwann kann die Bauchspeicheldrüse die überhöhte Insulinproduktion aber nicht mehr aufrechterhalten. Die produzierte Insulinmenge reicht dann nicht mehr aus, um den Blutzuckerspiegel zu kontrollieren und der Diabetes mellitus Typ 2 manifestiert sich. Ein Typ-2-Diabetiker hat jedoch auch dann noch viel mehr körpereigenes Insulin im Körper als ein Stoffwechselgesunder – für den eigenen Bedarf ist es jedoch nicht mehr ausreichend. Man spricht hier von einem relativen Insulinmangel. Viele Typ-2-Diabetiker haben jahrelang keine eindeutigen Symptome, was eine frühzeitige Erkennung oftmals erschwert. Früher trat diese Erkrankung nur im Alter auf, heute findet man sie schon bei Kindergartenkindern. Da als eine der Hauptursachen für diesen Erkrankungstyp das Übergewicht angesehen wird, ist dies ein alarmierendes Zeichen für unsere Fast-Food-Gesellschaft. Doch es gibt auch gute Nachrichten: Sobald das Körpergewicht bereits minimal reduziert wird, bessern sich die Blutzuckerwerte zusehends. Typ-2-Diabetiker müssen in der Regel kein Insulin spritzen. Mit einer fettarmen, gesunden Mischkost und etwas mehr Bewegung können sie auf Dauer ihren Blutzuckerspiegel in den Griff bekommen.

Frühstück

Das Frühstück ist die unerlässliche Starthilfe für den Tag und niemand sollte ohne Frühstück aus dem Haus gehen. Ganz gleich, wie Sie Ihr Frühstück gestalten möchten: Starten Sie gesund in den Tag und zaubern Sie aus Brot oder Getreideflocken, Milchprodukten und Obst im Nu ein leckeres Frühstück.

Vollkornbrot mit Früchten

Für 2 Portionen

4 Scheiben Vollkornbrot (je 40 g)

20 g Butter zum Bestreichen

1 Pfirsich

etwas Zitronensaft

10 Erdbeeren

Zubereitungszeit: ca. 10 Minuten
Pro Portion ca. 280 kcal/1190 KJ
7 g E, 9 g F, 42 g KH, 4 KE-BE

1 Das Brot mit Butter bestreichen.

2 Den Pfirsich waschen, halbieren und vom Stein befreien. Die Pfirsichhälften in Spalten schneiden und mit Zitronensaft beträufeln.

3 Die Erdbeeren waschen, den grünen Stielansatz entfernen und die Früchte in Scheiben schneiden.

4 Pfirsichspalten und Erdbeeren auf 2 Brotscheiben verteilen. Die restlichen Scheiben darauf legen, in der Mitte durchschneiden und in Pergamentpapier wickeln oder in eine Vorratsdose legen.

16

Frischkäsebrot mit Kiwi

1   Das Brot mit Butter und Frischkäse bestreichen. Die Scheiben in Dreiecke schneiden.

2   Die Cornflakes zerdrücken und auf 2 Dreiecke streuen.

3   Die Kiwi schälen, in dünne Scheiben schneiden und auf die Cornflakes legen.

4   Die beiden übrigen Dreiecke darauf klappen.

5   Evtl. einige Mandarinenspalten darauf legen. Die Dreiecke als Pausenbrote einzeln einpacken oder in eine Butterbrotdose legen.

Für 1 Portion

2 Scheiben Leinsamenbrot (je 40 g)

10 g Butter zum Bestreichen

30 g Doppelrahm-Frischkäse (60 % Fett i. Tr.)

1 El Cornflakes

1/2 Kiwi

evtl. einige Mandarinenspalten

Zubereitungszeit: ca. 5 Minuten
Pro Portion ca. 390 kcal/1640 KJ
10 g E, 20 g F, 42 g KH, 4 KE-BE

Für 1 Portion

150 g Erdbeeren

150 ml fettarmer Kefir
(0,1 % Fett)

3 El Cornflakes (15 g)

einige Tropfen Süßstoff

Zubereitungszeit: ca. 5 Minuten
Pro Portion ca. 160 kcal/670 KJ
7 g E, 1 g F, 26 g KH, 2 KE-BE

Erdbeer-Kefir-Cornflakes

1   Die Erdbeeren waschen, putzen und in Viertel schneiden.

2   Den Kefir über die Erdbeeren gießen.

3   Mit Cornflakes bestreuen und sofort servieren, sonst verlieren die Cerealien ihre Knusprigkeit. Eventuell mit flüssigem Süßstoff süßen.

Für 1 Portion

2 Aprikosen

200 g Wassermelone

1 Becher Naturjoghurt
(1,5 % Fett)

einige Tropfen Süßstoff

1 El Sesam

3 EL Cornflakes (15 g)

Zubereitungszeit: ca. 10 Minuten
Pro Portion ca. 220 kcal/920 KJ
8 g E, 5 g F, 33 g KH, 3 KE-BE

Aprikosen-Melonen-Flakes

1   Die Aprikosen waschen, halbieren und den Stein entfernen. Die Aprikosenhälften klein schneiden.

2   Die Wassermelone entkernen und ebenfalls in kleine Stücke schneiden.

3   Joghurt, Süßstoff und Sesam in einer kleinen Schüssel verrühren.

4   Die Cornflakes in einen tiefen Teller geben. Die Joghurt-Creme hinzugeben und alles mit den Früchten garnieren.

Für 1 Portion

25 g knusprige
Frühstücksflocken

1 El gehackte Haselnüsse

60 g Heidelbeeren

etwas Zitronensaft

100 ml fettarme Milch
(1,5 % Fett)

Zubereitungszeit: ca. 5 Minuten
Pro Portion ca. 220 kcal/920 KJ
7 g E, 8 g F, 26 g KH, 2,5 KE-BE

Knuspriges Müsli

1   Die Frühstücksflocken mit den gehackten Haselnüssen in einer Schüssel vermischen.

2   Die Heidelbeeren waschen und anschließend in einem Sieb gut abtropfen lassen.

3   Die Heidelbeeren und den Zitronensaft zur Frühstücksflocken-Mischung geben und gut umrühren.

4   Die Mischung in ein Schälchen geben und die Milch darüber gießen.

Gefüllte Melonen

1   Die Melonen waschen, halbieren und die Kerne entfernen. Das Fruchtfleisch bis auf einen Rand von 1 cm auslösen und würfeln.

2   Die Melonenhälften kühl stellen. Erdbeeren und Kirschen waschen, die Stielsansätze entfernen, Kirschen entsteinen, Erdbeeren und Kirschen halbieren. Das restliche Obst schälen und klein schneiden.

3   Das klein geschnittene Obs⁻ in einer Schüssel vermengen und eventuell mit Süßstoff abschmecken. Anschließend in die Melonenhälften füllen und servieren.

Für 4 Portionen

2 Honigmelonen

200 g Erdbeeren

200 g Kirschen

1 Pfirsich

1 Kiwi

200 g Ananas

einige Tropfen Süßstoff

Zubereitungszeit: ca. 20 Minuten
Pro Portion ca. 130 kcal/560 KJ
3 g E, 1 g F, 28 g KH, 2,5 KE-BE

21

Bistro Baguette

1   Die Salatblätter waschen, trocknen und in feine Streifen schneiden.

2   Das Baguette aufschneiden und mit Butter bestreichen. Die untere Hälfte mit Salat, geraspeltem Käse und fein geschnittenem Schinken belegen.

3   Den Joghurt auf den Schinkenbelag streichen und das Brot zuklappen.

Für 1 Portion

2–3 Blätter Eisbergsalat

1 Baguettebrötchen (60 g)

10 g Butter

10 g geraspelter Hartkäse

30 g gekochter Schinken, sehr dünn geschnitten

1 Tl Naturjoghurt (1,5 % Fett)

Zubereitungszeit: ca. 5 Minuten
Pro Portion ca. 310 kcal/1280 KJ
14 g E, 14 g F, 32 g KH, 3 KE-BE

Herbie

Für 2 Portionen

250 ml Buttermilch

100 ml Karottensaft

4 EL Tomatenketchup

2 EL Zitronensaft

2 EL Dill

weißer Pfeffer

Selleriesalz

Tabasco

Dillzweige zum Garnieren

Zubereitungszeit: ca. 5 Minuten
Pro Portion ca. 90 kcal/380 KJ
5 g E, 1 g F, 14 g KH, 1,5 KE-BE

1   Buttermilch, Säfte, Ketchup und fein gewiegten Dill gut verquirlen.

2   Mit den Gewürzen pikant abschmecken und nochmals verrühren.

3   In zwei Gläser füllen und mit Dillzweigen dekorieren.

22

Tomaten-Kefir

Für 1 Portion

150 ml Kefir (0,1 % Fett)

100 g pürierte Tomaten

1 TL Zitronensaft

etwas Knoblauchpulver

Pfeffer

1 Prise Salz

1 EL Schnittlauchröllchen

Partytomate

Zubereitungszeit: ca. 5 Minuten
Pro Portion ca. 80 kcal/340 KJ
6 g E, 0 g F, 10 g KH, 1 KE-BE

1   Kefir mit Tomaten, Zitronensaft und Gewürzen im Mixer gut durchmixen.

2   Nochmals abschmecken, in ein Glas füllen und mit Partytomate servieren.

Kürbis-Fitness-Saft

1 Das Kürbisfleisch schälen, Kerne und Innenfasern entfernen und das Kürbisfruchtfleisch grob würfeln.

2 Die Äpfel schälen, das Kerngehäuse entfernen und die Äpfel in große Stücke schneiden.

3 Karotten putzen, schälen und in Stücke schneiden.

4 Die Kiwi schälen und klein schneiden.

5 Äpfel und Karottenstücke in einen Entsafter geben und entsaften. Kürbis und Kiwi im Mixer pürieren.

6 Püree zum Saft in einen Mixer geben und gut mischen. In Gläser füllen und servieren.

Für 2 Portionen

300 g Kürbisfleisch

2 Äpfel

2 Karotten

1 Kiwi

Zubereitungszeit: ca. 10 Minuten
ca. 150 kcal/600 KJ
3 g E, 1 g F, 29 g KH, 2,5 KE-BE

Apfel-Möhren-Drink

1 Die Äpfel schälen, das Kerngehäuse entfernen und die Äpfel in dünne Spalten schneiden.

2 4 Apfelspalten beiseite legen. Restliche Apfelspalten und Milch in den Mixer geben und pürieren.

3 Möhrensaft zur Apfelmilch geben und alles nochmals gut durchmixen. Eventuell mit Süßstoff abschmecken.

4 Die Drinks auf 4 Gläser verteilen und mit Apfelspalten dekorieren. Mit Trinkhalm servieren.

Für 4 Portionen

2 Äpfel

600 ml kalte Milch (1,5 % Fett)

150 ml Möhrensaft

einige Tropfen Süßstoff

4 Trinkhalme

Zubereitungszeit: ca. 10 Minuten
Pro Portion ca. 120 kcal/500 KJ
6 g E, 3 g F, 17 g KH, 1,5 KE-BE

Melonenmilch

1 Die Melone schälen und die Kerne mit einem Löffel herauslösen. Das Fruchfleisch klein schneiden, einige Stückchen beiseite legen, das restliche Fruchtfleisch mit dem Pürierstab pürieren. Den Zitronensaft unter das Püree rühren.

2 Das Melonenpüree in den Mixer füllen und mit Milch und Orangensaft auffüllen. Alles noch einmal gut durchmixen.

3 Die Melonenmilch in vier Longdrinkgläser füllen, mit Fruchtstückchen und Minzezweigen garniert servieren.

Für 4 Portionen

1/2 reife Galia-Melone

2 El Zitronensaft

400 ml Orangensaft

300 ml kalte Milch (1,5 % Fett)

Orangenstückchen

Minzezweige zum Garnieren

Zubereitungszeit: ca. 10 Minuten
Pro Portion ca. 110 kcal/460 KJ
4 g E, 1 g F, 18 g KH, 1,5 KE-BE

Bürofood

Wert hart arbeitet, muss auch ordentlich essen. Auch am Schreibtisch werden Kalorien verbrannt, daher sollten Sie auf eine ausgewogene Mahlzeit nicht verzichten, sonst wird schnell genascht. In diesem Kapitel finden Sie tolle Rezepte, die Sie problemlos mit ins Büro nehmen können.

Sandwich mit Thunfischsalat

Für 4 Portionen

2 Gewürzgurken

1 kleine Zwiebel

1/2 grüne Paprikaschote

2 Stangen Staudensellerie

200 g Thunfisch im eigenen Saft (Dose)

2 Tl Zitronensaft

1 El Mayonnaise

Salz, Pfeffer

1–2 Spritzer Tabasco

8 Scheiben Weißbrot à 25 g

4 Blätter Eisbergsalat

Zubereitungszeit: ca. 20 Minuten
Pro Portion ca. 260 kcal/1090 KJ
15 g E, 10 g F, 27 g KH, 2,5 KE-BE

1 Gurken in kleine Würfel schneiden. Zwiebel schälen und in dünne Scheiben schneiden oder reiben. Paprikaschote putzen und sehr fein würfeln. Sellerie putzen und hacken.

2 Den Thunfisch aus der Dose nehmen und über einem Sieb abtropfen lassen. In einer Schüssel mit einer Gabel zerpflücken und mit dem vorbereiteten Gemüse, Zitronensaft und Mayonnaise mischen. Mit Salz, Pfeffer und Tabasco würzig abschmecken.

3 Die Brotscheiben mit je einem Salatblatt belegen und darauf den Thunfischsalat verteilen. Eine zweite Brotscheibe darauf legen und das Sandwich leicht zusammendrücken.

28

Kohlsalat mit Karotten

1   Den Kohl putzen, harten Strunk entfernen und sehr fein schneiden oder hobeln. Die Möhren schälen und reiben. Beide Gemüsesorten gut miteinander vermischen.

2   In einem Topf Olivenöl und Mehl bei geringer Temperatur einige Minuten köcheln. Salz, Pfeffer, Senf, etwas Tabasco und Süßstoff nach Geschmack hinzufügen, dann den Essig angießen.

3   Die Sahne mit dem Eigelb verquirlen und unter die Öl-Mehl-Mischung rühren. Die Masse erhitzen und rühren, bis das Dressing andickt. Mit Salz und Pfeffer abschmecken und abkühlen lassen.

4   Dressing über den Salat geben, gut untermischen und einige Stunden im Kühlschrank durchziehen lassen.

Für 8 Portionen

1 kleiner Kopf Weißkohl

3 Möhren

4 El Olivenöl

1 Tl Mehl

Salz, Pfeffer

1 Tl Senf

Tabasco

etwas flüssiger Süßstoff

5 El Essig

100 ml süße Sahne

1 Eigelb

Zubereitungszeit: ca. 20 Minuten
Pro Portion ca. 140 kcal/570 KJ
3 g E, 10 g F, 8 g KH, 1 KE-BE

Für 4 Portionen

2 Knoblauchzehen

2 Fleischtomaten

Salz

Pfeffer

1/2 Bund Basilikum

8 Scheiben Baguette à 15 g

4 El Olivenöl

Zubereitungszeit: 25 Minuten (plus Backzeit)
Pro Portion ca. 190 kcal/800 KJ
4 g E, 11 g F, 20 g KH, 2 KE-BE

Bruschetta

1 Den Backofengrill auf 200 °C vorheizen. Die Knoblauchzehen schälen. Die Fleischtomaten waschen, halbieren, von Stielansätzen und Kernen befreien und in kleine Würfel schneiden.

2 Die Tomatenwürfel mit Salz und Pfeffer würzen. Das Basilikum waschen, trockenschütteln und die Blättchen von den Stängeln zupfen. Blättchen in Streifen schneiden und mit den Tomatenwürfeln mischen.

3 Die Brotscheiben im Ofen unter dem Grill von beiden Seiten goldbraun backen. Dann herausnehmen und mit den Knoblauchzehen gut einreiben. Das Olivenöl über die Brote träufeln und die Tomatenmasse darauf verteilen.

Peperonata

1   Die Paprikaschoten waschen, halbieren, putzen und in Streifen schneiden. Die Zwiebel und den Knoblauch schälen und hacken.

2   Das Öl in einer großen Pfanne erhitzen, Zwiebel und Knoblauch etwa 3 Minuten darin andünsten, die Paprikastreifen zugeben und das Gemüse mit Salz und Pfeffer würzen. Alles weitere 5 Minuten unter gelegentlichem Rühren schmoren.

3   Die Tomaten für einige Sekunden in kochendes Wasser legen, häuten, von Stielansätzen und Kernen befreien und das Fruchtfleisch würfeln.

4   Petersilie waschen, trockenschütteln und hacken. Unter die Tomaten mischen.

5   Tomaten zu den Paprikastreifen geben und die Mischung abgedeckt etwa 20 Minuten köche n lassen. Mit Majoran bestreut servieren. Schmeckt heiß oder kalt.

Für 6 Portionen

4 große Paprikaschoten (grün, gelb und rot)

1 Zwiebel

1 Knoblauchzehe

4 El Olivenöl

Salz, Pfeffer

400 g Tomaten

1/2 Bund glatte Petersilie

2 El frisch gehackter Majoran

*Zubereitungszeit: 30 Minuten
(plus Schmor- und Garzeit)
Pro Portion ca. 100 kcal/420 KJ
2 g E, 7 g F, 6 g KH, 0,5 KE-BE*

31

Farfalle-Salat mit roten Linsen

Für 4 Portionen

100 g rote Linsen

500 ml Fleischbrühe

150 g Farfalle (eifrei)

Salz

1 Zwiebel

100 g Rote Bete (aus dem Glas)

1 Möhre

100 g Lauch

2 El Zitronensaft

3 El Olivenöl

Pfeffer

1 Tl Pimentpulver

1 Tl Paprikapulver

150 g Rauchfleisch

1 Bund Petersilie

Zubereitungszeit: ca. 25 Minuten (plus Zeit zum Auskühlen)
Pro Portion ca. 360 kcal/1510 KJ
18 g E, 11 g F, 46 g KH, 4 KE-BE

32

1 Die Linsen waschen und mit der Brühe in einen ausreichend großen Topf geben. Bei milder Hitze etwa 10 Minuten kochen. Die Nudeln nach Packungsanweisung in ausreichend kochendem Salzwasser bissfest garen.

2 Die Zwiebel schälen und fein hacken. Die Rote Bete in Streifen schneiden. Die Möhre putzen, waschen, schälen und in feine Stifte schneiden. Den Lauch putzen, waschen und in feine Ringe schneiden.

3 Den Zitronensaft mit dem Öl verrühren und mit Salz, Pfeffer, Piment- und Paprikapulver abschmecken. Das Rauchfleisch in feine Streifen schneiden. Die Petersilie waschen, trocknen und hacken.

4 Die Linsen und die Nudeln in ein Sieb geben, abschrecken und abtropfen lassen. Beides vollständig auskühlen lassen. Anschließend mit Möhren, Lauch, Zwiebel und Rauchfleisch vermengen. Den Salat mit der Salatsauce mischen, auf Tellern anrichten und servieren.

Lauwarmer Nudel-Gemüse-Salat

1 Die Paprikaschoten vierteln, entkernen, waschen und mit der Hautseite nach oben auf ein Backblech legen. Im Backofen auf der mittleren Einschubleiste etwa 7 Minuten grillen, bis die Haut schwarz wird und Blasen wirft. Die Schoten mit einem feuchten Küchentuch bedeckt abkühlen lassen. Anschließend häuten, quer in Streifen schneiden und beiseite stellen.

2 Die Möhren waschen, putzen, schälen und in sehr dünne Scheiben schneiden. Den Brokkoli waschen und in sehr kleine Röschen zerteilen. Die Bandnudeln in reichlich Salzwasser nach Packungsanweisung bissfest kochen. Möhren und Brokkoli in den letzten 4 Minuten mitkochen. Alles abgießen, abschrecken und im Sieb etwas abkühlen lassen. Zwischendurch die Nudeln auflockern, damit sie nicht zusammenkleben.

3 Die Tomaten waschen, Stielansätze entfernen, kreuzweise einritzen, überbrühen, häuten und entkernen. Das Tomatenfleisch fein würfeln. Die Kräuterblätter abzupfen und waschen. Petersilie, Thymian und Zitronenmelisse grob hacken, Minze und Salbei fein hacken. Die Basilikumblätter in Stücke zupfen.

4 Paprika und Tomaten in dem Öl erwärmen, mit Salz, Zitronensaft und Pfeffer würzen, mit allen Kräutern unter die Nudeln mischen und sofort servieren.

Für 4 Portionen

1 rote und 1 gelbe Paprikaschote

150 g Möhren

300 g Brokkoli

150 g Tagliatelle (eifrei)

Salz

200 g Tomaten

1 Bund glatte Petersilie

1/2 Bund Thymian

1 kleines Bund Zitronenmelisse

2 Zweige Pfefferminze

8 kleine Salbeiblätter

1/2 Bund Basilikum

6 El Olivenöl

Pfeffer

3 El Zitronensaft

Zubereitungszeit: ca. 50 Minuten
Pro Portion ca. 340 kcal/1430 KJ
8 g E, 16 g F, 40 g KH, 4 KE-BE

Für 4 Portionen

250 ml Gemüsefond

120 g Vollkornreis

1 Salatgurke

1 Bund Radieschen

3 Möhren

4 Frühlingszwiebeln

4 El Himbeeressig

Salz

Zitronenpfeffer

4 El Traubenkernöl

30 g 8-Kräuter-Mischung (TK)

Zubereitungszeit: ca. 35 Minuten
Pro Portion ca. 240 kcal/1010 KJ
4 g E, 11 g F, 29 g KH, 2,5 KE-BE

Knackiger Gemüsereisteller

1 Den Gemüsefond zum Kochen bringen. Den Reis dazugeben und bei milder Hitze ca. 20–25 Minuten garen. Die Gurke waschen und in Scheiben hobeln.

2 Die Radieschen putzen, waschen und in dünne Scheiben schneiden. Das Grün der Radieschen zum Garnieren beiseite legen.

3 Die Möhren schälen und fein raspeln. Die Frühlingszwiebeln putzen, waschen und in Ringe schneiden.

4 Aus Essig, Salz, Pfeffer, Öl und der Kräutermischung eine Marinade rühren. Mit dem Gemüse vermischen.

5 Die Gemüsemischung unter den fertigen Reis heben und das Ganze lauwarm mit Radieschengrün garniert servieren.

Rindfleischsalat

Für 4 Portionen

1 großer Kopfsalat

2 Möhren

1 gelbe Paprikaschote

150 g Cherrytomaten

200 g Steakfleisch

2 El Rapsöl

Salz

Pfeffer

2 El frisch gehacktes Basilikum

75 g fettarmer Naturjoghurt (1,5 % Fett)

50 ml Buttermilch

3 El frisch geriebener Parmesan

3 El fein gehackte Zwiebel

2 El frisch gehackte Petersilie

1 El Weißweinessig

1 zerdrückte Knoblauchzehe

Zubereitungszeit: ca. 35 Minuten
Pro Portion ca. 170 kcal/710 KJ
15 g E, 10 g F, 7 g KH, 0,5 KE-BE

1 Salat waschen, trockenschleudern und die Blätter in Stücke zupfen. Möhren schälen und in mundgerechte Stifte schneiden.

2 Paprika putzen, waschen und in Würfel schneiden. Tomaten waschen und halbieren. Gemüse auf 4 Teller verteilen.

3 Fleisch in Streifen schneiden. Eine beschichtete Pfanne erwärmen und leicht einfetten. Fleischstreifen darin 2–3 Minuten von allen Seiten anbraten, bis das Fleisch noch rosa ist.

4 Pfanne vom Herd nehmen und die Steaks mit Salz und Pfeffer würzen. Basilikum einrühren. Die warmen Fleischstreifen auf das Gemüse legen.

5 Aus Joghurt, Buttermilch, Parmesan, Zwiebel, dem restlichen Rapsöl, Petersilie, Essig, Knoblauch, Salz und Pfeffer ein Dressing bereiten und zum Fleisch servieren.

Für 4 Portionen

20 g Mu-Err-Pilze

100 g Glasnudeln

Salz

200 g grüne Bohnen

1 Bund Frühlingszwiebeln

1 gelbe Paprika

2 Knoblauchzehen

2 El Erdnussöl

3 El Zitronensaft

3 El Gemüsebrühe

einige Tropfen Süßstoff

1 Msp. Sambal oelek

Petersilie zum Garnieren

*Zubereitungszeit: ca. 30 Minuten
(plus Zeit zum Einweichen)
Pro Portion ca. 170 kcal/720 KJ
7 g E, 3 g F, 28 g KH, 2,5 KE-BE*

Chinesischer Nudelsalat

1 Die Pilze in eine Schüssel geben, mit lauwarmem Wasser übergießen und ca. 30 Minuten einweichen. Die Glasnudeln mit kochendem Wasser übergießen und kurz einweichen.

2 Etwa 2 l Salzwasser zum Kochen bringen. Die Bohnen waschen, die Enden abschneiden und Bohnen in feine schräge Stücke schneiden. Kurz im kochenden Wasser blanchieren, in kaltem Wasser abschrecken und abtropfen lassen.

3 Die Frühlingszwiebeln putzen, waschen und in feine Ringe schneiden. Die Paprika putzen, waschen, halbieren, entkernen und fein würfeln. Den Knoblauch schälen und fein hacken.

4 Die eingeweichten Nudeln und Pilze gut abtropfen lassen. Von den Pilzen die zähen Stiele entfernen und in Streifen schneiden. Die Nudeln mit einer Küchenschere in kleinere Stücke schneiden.

5 Das Öl in einer ausreichend großen Pfanne erhitzen und darin Pilze, Bohnen und Zwiebeln unter Rühren 2 Minuten bei milder Hitze braten. Knoblauch und Paprikastreifen dazugeben und kurz mitbraten. Die Glasnudeln vorsichtig unterheben und das Ganze noch einmal kurz braten. Vom Herd nehmen und abkühlen lassen.

6 Den Zitronensaft mit Gemüsebrühe, Süßstoff und Sambal oelek verrühren. Das Dressing zum Nudelsalat geben und alles gut vermischen. Eventuell mit Salz abschmecken und mit Petersilie garniert servieren.

38

Griechischer Kartoffelsalat

1 Die Kartoffeln waschen und in kochendem Salzwasser etwa 25 Minuten bissfest garen. Abgießen und abkühlen lassen. Dann pellen und in Scheiben schneiden.

2 Die Frühlingszwiebeln putzen, waschen und fein hacken. Den Schafskäse in Würfel schneiden.

3 Kartoffeln, Frühlingszwiebeln, Schafskäse, Kapern, Oliven und Kräuter in eine Schüssel geben und alles gut vermischen.

4 Für das Dressing Olivenöl mit Zitronensaft vermischen. Joghurt, Dill und Senf zufügen und alles zu einer dicken Creme verrühren.

5 Die Salatcreme mit Salz und Pfeffer abschmecken und über den Kartoffelsalat geben. Alles gründlich mischen, bis die Kartoffeln mit der Salatsauce überzogen sind.

Kartoffelsalat

Für 4 Portionen

1 kg Salatkartoffeln

Salz

2 Zwiebeln

250 ml Gemüsebrühe

5 El Obstessig

Pfeffer

1 Prise Zucker

5 El Rapsöl

1 Tl Senf

2 El Schnittlauchröllchen

*Zubereitungszeit: 20 Minuten
(plus Zeit zum Kochen und
Durchziehen)
Pro Portion ca. 260 kcal/1090 KJ
5 g E, 12 g F, 31 g KH, 3 KE-BE*

1   Die Kartoffeln waschen und in Salzwasser garen. Anschließend abgießen, abtropfen und etwas abkühlen lassen. Die Zwiebeln schälen und fein hacken.

2   Die Gemüsebrühe erhitzen. Die Kartoffeln schälen und in Scheiben schneiden. In eine Schüssel geben und mit etwas Brühe begießen.

3   Essig, Gewürze, Zucker, Öl, Senf und Zwiebeln miteinander mischen und mit der restlichen Brühe verrühren. Die Salatmarinade über die Kartoffeln geben und gut unterrühren.

4   Den Kartoffelsalat etwa 30 Minuten kühl stellen und durchziehen lassen, dann mit Schnittlauchröllchen bestreut servieren.

Gurken-Kartoffelsalat

1 Die Kartoffeln waschen, sauber bürsten und etwa 20 Minuten gar kochen. Anschließend abgießen, etwas abkühlen lassen und pellen. Die Eier hart kochen, abschrecken, pellen und in Scheiben schneiden.

2 Die ausgekühlten Kartoffeln ebenfalls in Scheiben schneiden. Die Zwiebeln schälen und fein würfeln. Die Salatgurke waschen, eventuell schälen und in dünne Scheiben hobeln.

3 Den Schnittlauch und den Dill waschen, trockenschütteln und fein hacken.

4 Sojacreme mit Essig, Salz, Pfeffer und Zucker kräftig abschmecken. Alle Zutaten mit der Sauce mischen und gut durchziehen lassen.

Tipp:
Sojacreme ist der ideale Sahneersatz zum Kochen. Sie hat nur die Hälfte an Fett gegenüber herkömmlicher Sahne. Da sie rein pflanzlich ist, hat Sojacreme auch kein Cholesterin.

Für 4 Portionen

1 kg fest kochende Kartoffeln

3 Eier

3 Zwiebeln

1 kleine Salatgurke

5–6 Dillspitzen

1 Bund Schnittlauch

200 ml Sojacreme

etwas Essig

Salz

Pfeffer

Zucker

Zubereitungszeit: ca. 50 Minuten
Pro Portion ca. 310 kcal/1300 KJ
12 g E, 14 g F, 34 g KH, 3 KE-BE

Für 4 Portionen

2 Äpfel (Braeburn oder Pink Lady)

4 Möhren

2 Papayas

3 El Zitronensaft

1 Bund Frühlingszwiebeln

2 Chicorée

300 g Schweinebraten-Aufschnitt am Stück

6 El Multivitaminsaft

100 ml Dickmilch (1,5 % Fett)

1/2 Bund Petersilie

Salz

Pfeffer

8 Tacoschalen (FP)

Zubereitungszeit: ca. 20 Minuten
Pro Portion ca. 370 kcal/1550 KJ
26 g E, 15 g F, 32 g KH, 3 KE-BE

Fitness-Salat

1 Die Äpfel schälen, halbieren, das Kerngehäuse entfernen und raspeln. Die Möhren schälen und ebenfalls raspeln.

2 Die Papayas schälen, halbieren, Kerne mit einem Löffel herauskratzen. Das Fruchtfleisch in Scheiben und dann in Würfel schneiden. Mit den Äpfeln und Möhren in einer Schüssel vermengen. Alles mit Zitronensaft beträufeln. Zwiebeln waschen, trocknen und in Ringe schneiden.

3 Chicorée waschen und die äußeren Blätter ablösen. Dann halbieren und den bitteren Strunk ca. 4–5 cm keilförmig herausschneiden. Zum Schluss das Ganze in schmale Streifen schneiden.

4 Den Braten in Streifen schneiden, mit den anderen Zutaten in die Schüssel geben und vermengen. Den Multivitaminsaft mit der Dickmilch, der fein gehackten Petersilie, Salz und Pfeffer mischen.

5 Das Dressing über die Salatzutaten geben und alles vermengen. Den Salat portionsweise in den Tacoschalen anrichten und servieren.

Tabbouleh

1 Den Bulgur in 1/2 l Wasser etwa 10 Minuten kochen, dann vom Herd nehmen und weitere 20 Minuten quellen lassen.

2 Inzwischen Petersilie und Minze waschen, trockenschütteln und hacken.

3 Die Gurke schälen und in feine Würfel schneiden. Die Frühlingszwiebeln putzen, waschen und fein hacken.

4 Die Tomaten waschen und von den Stielansätzen befreien, dann das Fruchtfleisch ebenfalls fein würfeln.

5 Den Bulgur mit einer Gabel auflockern. Mit dem Gemüse und den Kräutern in einer Schüssel vermischen.

6 Zitronensaft und Öl mit Salz und Pfeffer mischen und den Gemüsesalat damit überziehen. Mindestens 1 Stunde durchziehen lassen, dann nochmals gut durchrühren und servieren.

Für 4 Portionen

200 g Bulgur

1 Bund glatte Petersilie

4 Zweige frische Minze

1/2 Schlangengurke

4 Frühlingszwiebeln

2 Fleischtomaten

Saft von 2 Zitronen

4 El Olivenöl

Salz

schwarzer Pfeffer

Zubereitungszeit: ca. 20 Minuten (plus Zeit zum Ziehen)
Pro Portion ca. 320 kcal/1340 KJ
7 g E, 11 g F, 46 g KH, 4 KE-BE

Orientalischer Lamm-Nudel-Salat

Für 4 Portionen

Salz

200 g türkische Reisnudeln

250 g Lammlachse

2 Möhren

1 El Sonnenblumenöl

schwarzer Pfeffer

1 Tl Paprikapulver

1 Pfefferschote

50 g Rucola

3 Knoblauchzehen

1 Bund glatte Petersilie

3 El Limettensaft

1 El Sesampaste (Tahin)

2 El Olivenöl

1 Limette

Zubereitungszeit: ca. 35 Minuten
Pro Portion ca. 370 kcal/1550 KJ
21 g E, 13 g F, 41 g KH, 4 KE-BE

44

1 In einem großen Topf etwa 3 l Salzwasser aufkochen und darin die Reisnudeln nach Packungsanweisung bissfest garen. In einem Sieb mit kaltem Wasser abschrecken und abtropfen lassen.

2 In der Zwischenzeit das Fleisch in kleine Würfel schneiden. Die Möhren schälen und fein raspeln.

3 Das Sonnenblumenöl in einer Pfanne erhitzen und das Fleisch darin unter Rühren kräftig anbraten. Die Möhrenraspel hinzufügen und kurz mit braten.

4 Alles in eine Schüssel geben und mit Salz, Pfeffer und Paprikapulver würzen.

5 Die Pfefferschote waschen, halbieren, entkernen und die Trennwände entfernen. Die Schote in feine Ringe schneiden.

6 Den Rucola putzen, waschen, trocknen und in mundgerechte Stücke zupfen.

7 Knoblauch schälen und durch die Presse drücken. Petersilie waschen, trocknen und fein hacken.

8 Für das Dressing den Limettensaft mit Tahin, Knoblauch und Olivenöl sorgfältig verrühren. Das Lammfleisch, die Nudeln und die übrigen vorbereiteten Zutaten dazugeben und vermengen. Falls nötig mit Salz abschmecken.

9 Limette heiß abwaschen, trocknen und in Schnitze teilen. Den Salat mit den Limettenschnitzen garniert servieren.

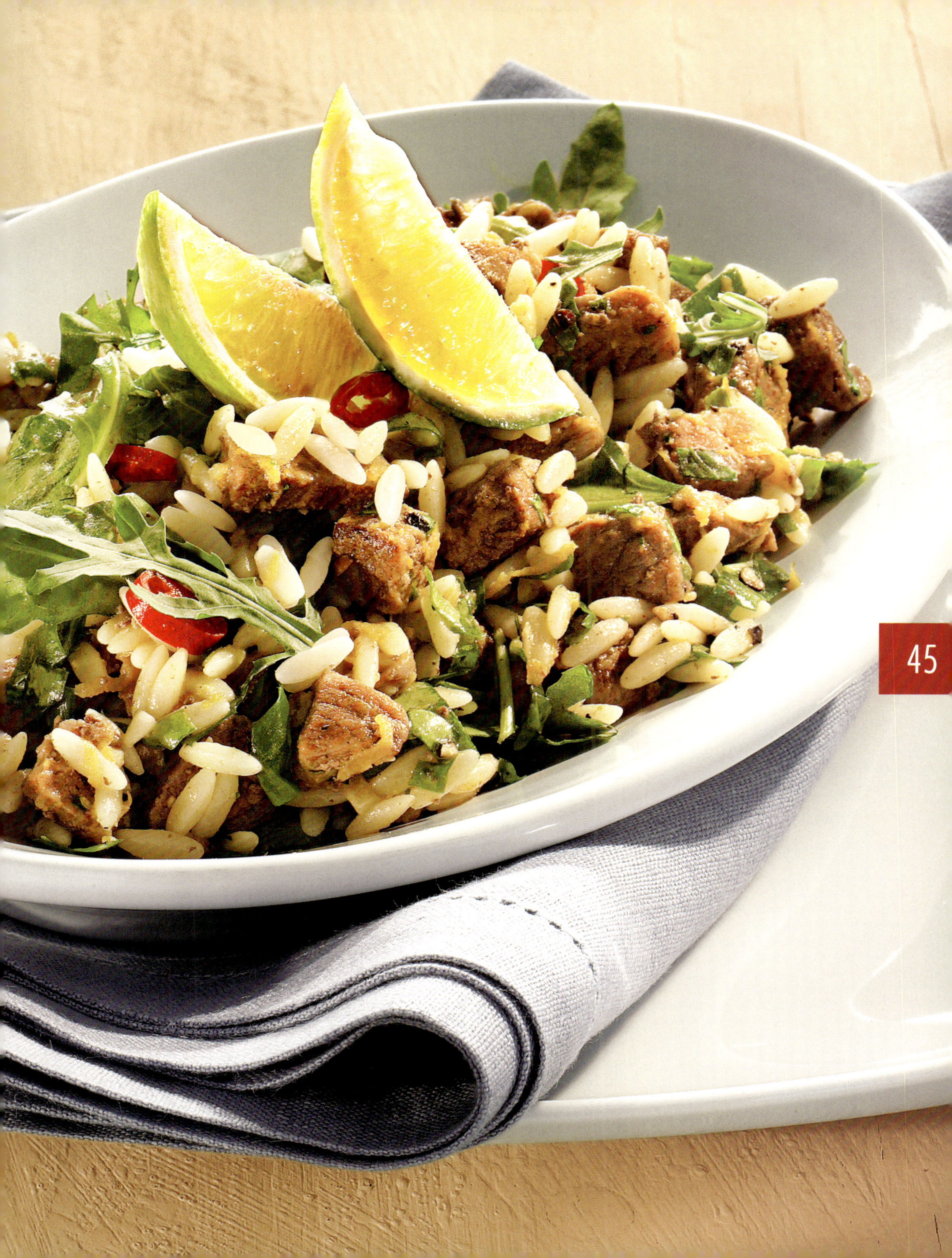

Für 4 Portionen

400 g Tomaten

1 Salatgurke

250 g rote Zwiebeln

300 g grüne Paprikascho-
ten

50 g schwarze Oliven

4 El Olivenöl

3 El Weinessig

Salz

Pfeffer

200 g Schafskäse

1/2 Tl getrockneter
Oregano

1 Bund Petersilie

1 El getrocknete rote
Paprikaflocken

Zubereitungszeit ca. 20 Minuten
Pro Portion: ca. 310 kcal/1300 KJ
12 g E, 25 g F, 10 g KH, 1 KE-BE

Anatolischer Bauernsalat

1   Tomaten waschen, von den Stielansätzen befreien und in
Achtel schneiden. Die Gurke waschen, schälen und in Scheiben
schneiden.

2   Die Zwiebeln schälen und in Ringe schneiden. Die Paprikaschoten putzen, waschen, entkernen und in Streifen schneiden.

3   Tomaten, Gurke, Zwiebeln, Paprika und Oliven in eine
Schüssel geben.

4   Aus Olivenöl, Essig, Salz und Pfeffer ein Dressing bereiten
und über den Salat geben. Alles gut mischen.

5   Den Schafskäse in Würfel schneiden. Über den Salat geben
und mit Oregano würzen.

6   Petersilie waschen, trockenschütteln und hacken. Den Salat
mit Petersilie und Paprikaflocken bestreut servieren.

Kartoffelsuppe

Für 4 Portionen

1 Bund Suppengemüse

1 Zwiebel

750 g Kartoffeln

3 Gewürzkörner

1 l Gemüsebrühe

Salz

100 ml saure Sahne

1 Tl Senf

Zucker

Pfeffer

3 El frisch gehackte Petersilie

Zubereitungszeit: 20 Minuten (plus Garzeit)
Pro Portion ca. 160 kcal/670 KJ
5 g E, 3 g F, 27 g KH, 2,5 KE-BE

1 Das Suppengemüse putzen, nach Bedarf schälen und klein schneiden. Die Zwiebel schälen und hacken. Die Kartoffeln waschen und schälen.

2 Das Gemüse mit Zwiebel, Kartoffeln, Gewürzkörnern und mit der Brühe in einen Topf geben, salzen und etwa 25–30 Minuten garen. Anschließend die Suppe pürieren.

3 Die saure Sahne in die Suppe rühren und mit Senf, Zucker und Pfeffer abschmecken. Mit Petersilie bestreut servieren.

Tipp

Dazu schmecken Wiener Würstchen. Versuchen Sie auch mal Geflügelwürstchen, so sparen Sie pro Würstchen bis zu 10 g Fett.

48

Linsensuppe mit Backpflaumen

1 Die Linsen gut waschen und über Nacht in reichlich Wasser einweichen. Die Backpflaumen ebenfalls über Nacht einweichen. Am nächsten Tag die Linsen mit dem Einweichwasser in einen Topf geben und mit etwas Salz zum Kochen bringen. Die Linsen etwa 45 Minuten garen.

2 Das Gemüse putzen, Möhren, Sellerie und Zwiebel schälen, Porree gut waschen, alles klein schneiden und zu den Linsen geben. Die letzten 30 Minuten Garzeit mitköcheln.

3 Die Backpflaumen entsteinen, klein schneiden, in die Suppe geben und weitere 20 Minuten garen. Die Fleischwurst würfeln und in der Suppe erwärmen. Die Suppe mit Salz und Essig abschmecken und heiß servieren.

Tipp:
Sie können auch Linsen aus der Dose verwenden. Dann reicht eine Dose mit 480 g Abtropfgewicht Die Garzeit verkürzt sich auf 30 Minuten.

Für 4 Portionen

200 g getrocknete Linsen

100 g Backpflaumen

Salz

2 Möhren

100 g Knollensellerie

1 Zwiebel

1 Porree

250 g Fleischwurst

Essig

*Zubereitungszeit: 30 Minuten
(plus Einweich- und Garzeit)
Pro Portion ca. 480 kcal/2020 KJ
17 g E, 26 g F, 43 g KH, 4 KE-BE*

Couscous mit Tofu

1 Die Gemüsebrühe in einem Topf erhitzen. Den Couscous einrühren und nach Packungsangaben quellen lassen.

2 Den Tofu in etwa 2 cm große Würfel schneiden. Die Frühlingszwiebeln putzen, waschen und in Ringe schneiden. Den Knoblauch schälen und durch die Presse drücken, die Tomaten waschen, abtrocknen, vom Stielansatz befreien und grob hacken.

3 1 El Olivenöl in einer Pfanne erhitzen. Tofu, Frühlingszwiebeln und Knoblauch darin 8–10 Minuten unter häufigem Wenden braten, bis der Tofu goldbraun ist.

4 In einer großen Schüssel die Tofu-Mischung mit Tomaten und Petersilie mischen und mit dem restlichen Olivenöl, dem Zitronensaft und etwas Pfeffer abschmecken.

5 Couscous mit dem Tofu-Gemüse anrichten und mit zerkrümeltem Feta bestreuen.

Tipp
Tofu ist ein aus Sojabohnen hergestelltes, quarkähnliches, eiweißreiches Erzeugnis. Da der Geschmack relativ neutral ist, kann Tofu sowohl für pikante als auch für süße Gerichte verwendet werden.

Für 4 Portionen

300 ml Gemüsebrühe

200 g Couscous

400 g Tofu

4 Frühlingszwiebeln

2 Knoblauchzehen

3 große Tomaten

2 El Olivenöl

1/2 Bund gehackte Petersilie

Saft von 3 Zitronen

1 Prise Pfeffer

100 g zerkrümelter Feta

Zubereitungszeit: ca. 30 Minuten
Pro Portion ca. 420 kcal/1800 KJ
21 g E, 16 g F, 48 g KH, 4 KE-BE

51

Vollkornnudeln mit Rucola

1 Die Nudeln nach Packungsanweisung garen, abgießen und abtropfen lassen. In den Topf zurückgeben.

2 Den Knoblauch schälen und durch die Presse drücken. Den Rucola verlesen, waschen und trockenschleudern, anschließend in mundgerechte Stücke zupfen. Die Tomaten waschen, vom Stielansatz befreien und würfeln.

3 Das Olivenöl in einer Pfanne erhitzen und den Knoblauch darin andünsten. Brühe und Essig zugeben und alles einmal aufkochen lassen. Mit Salz und Pfeffer würzen. Die Pfanne vom Herd nehmen und Nudeln, Rucola und Tomatenwürfel hineingeben.

4 Alles gut vermischen und mit Parmesanspänen und Pinienkernen bestreut servieren.

Für 4 Portionen

200 g Vollkornnudeln (Spiralen)

2 Knoblauchzehen

200 g Rucola

2 mittelgroße Tomaten

2 El Olivenöl

60 ml Gemüsebrühe

3 El Balsamessig

1 Tl Salz

1 Prise Pfeffer

40 g geriebener Parmesan

30 g Pinienkerne

Zubereitungszeit: ca. 20 Minuten
(plus Garzeit)
Pro Portion ca. 310 kcal/1320 KJ
13 g E, 14 g F, 32 g KH, 3 KE-BE

Tomatenreis

Für 4 Portionen

1 Gemüsezwiebel

2 Knoblauchzehen

2 große Tomaten

2 El Olivenöl

200 g Naturreis

500 ml Gemüsebrühe

2 El frisch gehackter
Koriander

Salz

Pfeffer

*Zubereitungszeit 15 Minuten
(plus Gar- und Schmorzeit)
Pro Portion ca. 240 kcal/1010 KJ
5 g E, 6 g F, 41 g KH, 4 KE-BE*

1 Die Zwiebel und Knoblauchzehen schälen und fein hacken. Die Tomaten mit kochendem Wasser überbrühen, von Stielansatz, Häuten und Kernen befreien und fein hacken.

2 Das Olivenöl in einem Topf erhitzen und Zwiebel mit Knoblauch darin glasig dünsten. Die Tomatenwürfel hinzufügen und etwa 3 Minuten unter Rühren mitschmoren.

3 Reis und Brühe in die Pfanne geben und alles gut vermischen. Aufkochen und den Reis bei geringer Temperatur etwa 20 Minuten weich garen. Mit Salz und Pfeffer würzen, Koriander unterheben. Den Tomatenreis heiß servieren.

Zitronenreis

1 Den Reis unter fließendem Wasser gründlich waschen. In inem Sieb abtropfen lassen. 2 l Wasser mit dem Salz zum Kochen ringen. Den Reis darin etwa 12–15 Minuten garen. Er sollte biss- est sein. Den Reis abgießen, abschrecken und abtropfen lassen.

2 Das Öl in einer Pfanne erhitzen und Senfkörner, Kurkuma, Mandeln und Nüsse darin kurz rösten. Den Reis zugeben und mit- raten.

3 Nach etwa 5 Minuten den Reis vom Herd nehmen. Den Zitronensaft unterrühren und mit den Korianderblättchen bestreuen.

Für 4 Portionen

200 g Langkornreis

1/2 Tl Salz

2 El Sesamöl

1 Tl schwarze Senfkörner

1 Tl Kurkuma

4 El gehackte Mandeln

2 El gehackte Erdnüsse

Saft von 1 Zitrone

2 El frisch gehackter Koriander

Zubereitungszeit: 20 Minuten (plus Gar- und Bratzeit) Pro Portion ca. 320 kcal/1340 KJ 6 g E, 13 g F, 43 g KH, 4 KE-BE

Salate, Suppen, kleine Gerichte

Es muss ja nicht immer eine komplette Mahlzeit sein. Ein knackiger Salat an heißen Sommertagen oder eine wärmende Suppe, wenn es draußen nasskalt und ungemütlich ist, tun nicht nur dem Körper, sondern auch der Seele gut.

Für 4 Portionen

1 kg Spargel

Salz

10 g Butter

1 Prise Zucker

2 El Sherry- oder Rotweinessig

2 El Walnussöl

2 El Sonnenblumenöl

Pfeffer

1/2 Bund frisch geschnittene Schnittlauchröllchen

150 g Emmentaler

Zubereitungszeit: 15 Minuten (plus Garzeit)
Pro Portion ca. 270 kcal/1130 KJ
14 g E, 22 g F, 4 g KH, 0,5 KE-BE

Lauwarmer Spargelsalat

1 Den Spargel waschen, schälen und in einem großen Topf mit viel Salzwasser unter Zugabe von Butter und Zucker in etwa 18 Minuten bissfest garen.

2 Für die Salatsauce den Essig mit den beiden Ölen, Salz, Pfeffer und Schnittlauch mischen.

3 Den Spargel aus dem Topf nehmen und abtropfen lassen. Die Stangen halbieren.

4 Die halbierten Spargelstangen auf 4 Tellern anrichten und mit der Sauce beträufeln. Den Käse in feine Streifen schneiden und darüber verteilen.

Kürbissalat mit Birne

1 Den Kürbis schälen, Kerne und Innenfasern entfernen, in Stücke schneiden und dann in Scheiben hobeln. Die Birne waschen, schälen, das Kerngehäuse entfernen und das Birnenfruchtfleisch in kleine Stücke schneiden. Die Zwiebel schälen und sehr fein würfeln.

2 Gemüse und Obst in eine Schüssel geben. Aus den Saucenzutaten ein Dressing bereiten und darüber gießen. Den Salat ca. 30 Minuten ziehen lassen. Mit Petersilie bestreut servieren.

Für 4 Portionen

1 Muskatkürbis (ca. 500 g)

1 Birne

1 Zwiebel

2-3 El Apfelessig

3 El Sonnenblumenöl

1/2 Tl Zucker

Salz

Pfeffer

Paprikapulver

frisch gehackte Petersilie zum Garnieren

Zubereitungszeit: ca. 20 Minuten (plus Ruhezeit)
Pro Portion ca. 130 kcal/550 KJ
2 g E, 8 g F, 12 g KH, 1 KE-BE

Gegrillter Tomatensalat

Für 4 Portionen

500 g feste Tomaten

2 rote Paprikaschoten

1 rote Zwiebel

1 Knoblauchzehe

4 El Olivenöl

2 El milder Rotweinessig

Salz

Pfeffer

1 El frisch gehackter Koriander

Zubereitungszeit 20 Minuten (plus Zeit zum Grillen und Durchziehen)
Pro Portion ca. 150 kcal/630 KJ
2 g E, 11 g F, 9 g KH, 1 KE-BE

1 Tomaten und Paprikaschoten waschen, von den Stielansätzen befreien und gut trockentupfen. Das Gemüse im Ofen unter den heißen Grill legen und grillen, bis die Haut schwarz wird und Blasen wirft. Gemüse leicht abkühlen lassen und dann die Haut abziehen.

2 Die Tomaten in Scheiben schneiden, die Paprikaschoten von Kernen und weißen Innenhäuten befreien und in dünne Streifen schneiden.

3 Die Zwiebel schälen und würfeln. Die Knoblauchzehe schälen und fein hacken. Mit Öl, Essig, Salz und Pfeffer in einer Schüssel mischen. Das Gemüse hinzufügen und gut durchmischen. Koriander unterheben.

4 Den Salat mindestens 60 Minuten durchziehen lassen.

Tipp:
Mit Brot oder Brötchen servieren.

58

Frühlingssalat

1 Die Tomaten waschen, vom Stielansatz befreien und in Scheiben schneiden. Die Paprikaschoten putzen, waschen, entkernen und in Streifen schneiden. Die Möhren schälen und reiben.

2 Die Gemüsezwiebel schälen und in dünne Ringe schneiden. Das Ei hart kochen, pellen und in Scheiben schneiden. Petersilie waschen und hacken. Radieschen in Scheiben schneiden. Den Kopfsalat waschen, trockenschleudern und die Blätter zerpflücken.

3 Das Gemüse in eine Salatschüssel geben. Aus den restlichen Zutaten eine Salatsauce rühren, darüber gießen und unterrühren. Mit Eischeiben belegen und mit Peters lie bestreuen.

Für 4 Portionen

2 große feste Tomaten

2 grüne Paprika

3 Möhren

1 Gemüsezwiebel

1 Ei

1 Bund Petersilie

5 Radieschen

1 Kopfsalat

1 El frisch gehackter Dill

5 El Öl

5 El Essig

Salz, Pfeffer

Zubereitungszeit: 20 Minuten
Pro Portion ca. 200 kcal/840 KJ
6 g E, 14 g F, 11 g KH, 1 KE-BE

Feldsalat mit Melone und Hähnchenbrust

1 Die Hähnchenbrustfilets waschen, trocknen und mit Salz, Pfeffer und Paprikapulver einreiben.

2 In einer beschichteten Pfanne 1 Tl Öl erhitzen und die Hähnchenbrustfilets darin von beiden Seiten ca. 5 Minuten gut durchbraten. Aus der Pfanne nehmen, auf Küchenkrepp abtropfen lassen. Danach auf einem Teller abkühlen lassen.

3 Die Cantaloupe-Melone entkernen und mit dem Kugelausstecher das Fruchtfleisch herauslösen. Den Melonensaft dabei auffangen.

4 Die Honigmelone halbieren, entkernen und das Fruchtfleisch ebenfalls mit dem Kugelausstecher herauslösen.

5 Die Frühlingszwiebeln putzen, waschen, trocknen und in Ringe schneiden. Die Tomaten waschen, trocknen, den Stielansatz entfernen und achteln. Den Feldsalat gründlich putzen, waschen und trockenschleudern.

6 Die Hähnchenfilets schräg in dünne Scheiben schneiden. Aus Melonensaft, Öl und Essig ein Dressing bereiten und mit Salz und Pfeffer abschmecken.

7 Alles auf Teller anrichten und servieren. Zuletzt das Dressing über den Salat geben.

Tipp:
Anstelle von Feldsalat können Sie während der Sommermonate auch Pflücksalat oder Kopfsalat verwenden.

Für 4 Portionen

4 Hähnchenbrustfilets

Salz

Pfeffer

edelsüßes Paprikapulver

4 El Rapsöl

1/2 kleine Cantaloupe-Melone

1/2 kleine Honigmelone

4 Frühlingszwiebeln

2 Tomaten

250 g Feldsalat

2 El Weißweinessig

Zubereitungszeit: ca. 20 Minuten (plus Bratzeit)
Pro Portion ca. 300 kcal/1260 KJ
38 g E, 12 g F, 10 g KH, 1 KE-BE

Für 4 Portionen

2 Eier

300 g grobe Lyoner
Fleischwurst

4 Blätter Kopfsalat

2 Tomaten

1 Zwiebel

3 El Weißweinessig

3 El Walnussöl

1 Tl Senf

Salz

Pfeffer

2 El gehackte frische
Petersilie

*Zubereitungszeit: 15 Minuten
(plus Kochzeit)
Pro Portion ca. 410 kcal/1720 KJ
8 g E, 41 g F, 3 g KH, 0 KE-BE*

Saarländischer Wurstsalat

1   Die Eier 10 Minuten hart kochen. Aus dem Topf nehmen, abschrecken und abkühlen lassen. Die Lyoner in Scheiben schneiden. Die Salatblätter waschen und trockenschütteln.

2   Die Tomaten waschen, von den Stielansätzen befreien und vierteln. Die Zwiebel schälen und hacken.

3   Aus Essig, Öl, Senf, Salz und Pfeffer ein Dressing bereiten.

4   Die Salatblätter auf vier Teller verteilen. Die Eier pellen und halbieren, anschließend auf jeden Teller ein halbes Ei legen. Dann die Tomatenviertel, gehackte Zwiebel und die Wurstscheiben darauf verteilen.

5   Den Wurstsalat mit Dressing überziehen und mit Petersilie bestreuen.

Feiner Wildsalat

1 Die Wildbrühe aufkochen lassen. Die Hasenrückenfilets ineingeben und bei mittlerer Hitze ca. 10 Minuten gar ziehen lassen. Anschließend aus der Brühe nehmen und abkühlen lassen.

2 Den Salat putzen, waschen und trockenschleudern. Die Pilze putzen und die Champignons in Scheiben schneiden. Die Zwiebel chälen und fein würfeln.

3 Das Öl erhitzen und die Zwiebelwürfel darin glasig anschwitzen. Die Pilze dazugeben, mitbraten und mit Salz und Pfeffer würzen. 1 El Essig und 5 El von der Wildbrühe dazugeben. om Herd nehmen und abkühlen lassen.

4 Das Fleisch in dünne Streifen schneiden und unter die Pilze mischen.

5 Den Salat auf Teller verteilen und die Fleisch-Pilz-Mischung darüber geben.

6 Die Sahne mit dem Senf, dem restlichen Essig, Salz und Pfeffer verrühren und über den Salat geben. Den Schnittlauch waschen, trockenschütteln, in Röllchen schneiden und über den Salat streuen.

Für 4 Portionen

200 ml Wildbrühe

160 g küchenfertige Hasenrückenfilets

200 g Feldsalat

100 g Pfifferlinge

150 g braune Champignons

1 Zwiebel

1 El Rapsöl

Salz, Pfeffer

2 El Himbeeressig

60 g saure Sahne

1/2 Tl Senf

1/2 Bund Schnittlauch

Zubereitungszeit: ca. 20 Minuten
Pro Portion ca. 110 kcal/450 KJ
12 g E, 6 g F, 2 g KH, 0 KE-BE

Für 4 Portionen

5 Salzheringe

400 ml Milch (1,5 % Fett)

50 g Mayonnaise

150 g Joghurt (1,5 % Fett)

1 Gemüsezwiebel

2 Gewürzgurken

2 säuerliche Äpfel

Salz

Pfeffer

etwas Süßstoff

1 El Preiselbeerkompott

4 Zweige Dill

*Zubereitungszeit: ca. 25 Minuten
(plus Zeit zum Wässern
und Ziehen)
Pro Portion ca. 300 kcal/1240 KJ
23 g E, 17 g F, 12 g KH, 1 KE-BE*

Heringsstipp

1 Die Salzheringe ca. 2 Stunden kalt wässern. Anschließend abspülen, trockentupfen, häuten und entgräten. Die Filets auslösen und für 2 Stunden in Milch einlegen.

2 Die Mayonnaise mit dem Joghurt glatt rühren. Die Zwiebel schälen, fein reiben und unter die Joghurt-Mayonnaise-Sauce rühren. Die Gurken fein würfeln und ebenfalls unterrühren. Die Äpfel waschen, das Kerngehäuse entfernen, Äpfel klein würfeln und unterheben. Mit Salz, Pfeffer und Süßstoff pikant abschmecken.

3 Die Heringe abtropfen lassen und auf Küchenkrepp gut trockentupfen. Anschließend klein schneiden, mit dem Kompott zur Joghurt-Mayonnaise-Mischung geben und untermischen.

4 Den Heringsstipp vor dem Servieren mindestens 12 Stunden ziehen lassen. Mit Dill garnieren.

64

Melone mit Hering

1 Die Melone halbieren, schälen, mit einem Löffel die Kerne entfernen und das Fruchtfleisch in Stücke schneiden.

2 Die Heringsfilets waschen, trocknen und in mundgerechte Stücke schneiden. Den Salat waschen, trockenschleudern und in kleine Stücke zupfen. Melone, Hering und Salat auf Teller anrichten.

3 Aus Joghurt, Rapsöl, Zitronensaft und den Gewürzen eine Salatsauce bereiten, über den Salat geben und mit Dill garniert servieren.

Tipp:

Bereiten Sie diesen Salat statt mit Hering mit gekochten Shrimps oder Nordseekrabben zu und verfeinern Sie ihn mit frisch geriebenem Ingwer.

Für 4 Portionen

1 Netzmelone (ca. 500 g)

4 Heringsfilets

100 g Romanasalat

150 g Joghurt (1,5 % Fett)

1 El Rapsöl

Saft von 1 Zitrone

Salz

Paprika

frisch gemahlener Pfeffer

Dill zum Garnieren

Zubereitungszeit: ca. 15 Minuten
Pro Portion ca. 170 kcal/690 KJ
17 g E, 5 g F, 12 g KH, 1 KE-BE

Für 6 Portionen

500 g Kartoffeln

10 g Butter

500 g nur das Weiße
vom Lauch

1 l Geflügelfond

150 g Joghurt (1,5 % Fett)

200 g Sojacreme

250 ml Milch (1,5 % Fett)

Salz

Pfeffer

frisch geriebene
Muskatnuss

1 Bund Schnittlauch in
Röllchen geschnitten

*Zubereitungszeit: 20 Minuten
(plus Koch- und Kühlzeit)
Pro Portion ca. 180 kcal/770 KJ
7 g E, 9 g F, 19 g KH, 1,5 KE-BE*

66

Kalte Kartoffel-Lauch-Suppe

1 Die Kartoffeln schälen, in kleine Würfel schneiden und in der Butter unter Rühren andünsten. Die Kartoffeln dürfen dabei aber nicht braun werden.

2 Den Lauch putzen, sorgfältig waschen und das Weiße in Ringe schneiden. Die Lauchringe unter Rühren etwa 5 Minuten mitdünsten. Den Geflügelfond hinzugießen, aufkochen und zugedeckt etwa 30 Minuten garen lassen.

3 Wenn die Kartoffeln und der Lauch gar sind, alles durch ein feines Sieb streichen oder im Mixer fein pürieren. Die Suppe noch einmal aufkochen. Mit dem Schneebesen Joghurt, Sojacreme und Milch runterrühren und alles mit Salz, Pfeffer und Muskatnuss abschmecken.

4 Die Suppe im Kühlschrank gut durchkühlen lassen. Mit Schnittlauchröllchen bestreut servieren.

Gazpacho

1   Die Salatgurke schälen, halbieren und die Kerne mit einem
Löffel entfernen. Die Paprikaschoten putzen und grob zerkleinern.

2   Möhren schälen und klein schneiden. Staudensellerie putzen,
waschen und klein schneiden. Frühlingszwiebeln putzen und grob
zerschneiden.

3   Alle Zutaten außer den Gewürzen in einen Mixer geben und
nicht zu fein pürieren. Anschließend das Gazpacho mit den
Gewürzen pikant abschmecken.

Für 4 Portionen

1 Salatgurke

2 grüne Paprikaschoten

2 Möhren

3 Stangen Staudensellerie

4 Frühlingszwiebeln

300 ml Tomatensaft

2 El Olivenöl

Salz, Pfeffer

Tabasco nach Geschmack

Zubereitungszeit: ca. 25 Minuten
Pro Portion ca. 90 kcal/380 KJ
3 g E, 6 g F, 7 g KH, 0,5 KE-BE

67

Für 6 Portionen

1 Schalotte

150 g Sauerampfer

100 g Blattspinat

1 Bund Sellerieblätter

1 Bund Brunnenkresse

1 Bund Kerbel

1 Bund glatte Petersilie

1 kg mehlig kochende Kartoffeln

1 Salatgurke

2 El Rapsöl

1,5 l Gemüsebrühe

grobes Meersalz

3 El Crème fraîche

frisch gemahlener Pfeffer

Zubereitungszeit: 30 Minuten (plus Kochzeit)
Pro Portion ca. 170 kcal/710 KJ
5 g E, 6 g F, 22 g KH, 2 KE-BE

68

Französische Kräutersuppe

1 Die Schalotte schälen und fein hacken. Das Blattgemüse und die Kräuter putzen, waschen und trockenschütteln. Einige Kräuterblättchen zum Garnieren beiseite stellen. Die Kartoffeln schälen, waschen und würfeln.

2 Die Gurke putzen, waschen, halbieren, mit einem Esslöffel die Kerne entfernen und die Gurke klein würfeln. Das Öl in einem Topf erhitzen, das Blattgemüse tropfnass mit den Kräutern und den Gurkenwürfeln hinzugeben. Alles zugedeckt etwa 5 Minuten anschwitzen, Gemüse und Kräuter sollen aber nicht braun werden.

3 Die Gemüsebrühe zugießen, salzen, Kartoffelwürfel hinzugeben und 25 Minuten kochen.

4 Nach Ablauf der Kochzeit die Suppe passieren. Mit dem Stabmixer die Crème fraîche unterrühren. Mit Salz und Pfeffe abschmecken. Die Suppe anrichten und mit Kräuterblättchen garniert servieren.

Spargelcremesuppe

1 Den Spargel waschen, schälen und die Enden abschneiden. Spargelschalen und -enden mit etwa 1 l Salzwasser und etwas Zucker 10 Minuten köcheln, dann durch ein Sieb passieren.

2 Spargel in 5 cm lange Stücke schneiden und im Spargelfond bissfest garen. Dann abgießen und den Sud auffangen. Spargelspitzen entfernen. Restlichen Spargel mit dem Zitronensaft pürieren.

3 Das Spargelpüree mit dem Fond mischen und aufkochen. Die Crème fraîche unterrühren und die Suppe mit Salz, Pfeffer und Zucker abschmecken. Die Spargelspitzen unter die Suppe heben. Spargelcremesuppe mit Kerbel bestreut servieren.

Für 4 Portionen

2 kg weißer Spargel

Salz

1 Prise Zucker

1 El Zitronensaft

3 El Crème fraîche

Pfeffer

2 El frisch gehackter Kerbel

*Zubereitungszeit: ca. 45 Minuten
(plus Gar- und Kochzeit)
Pro Portion ca. 140 kcal/580 KJ
11 g E, 6 g F, 11 g KH, 1 KE-BE*

Hühnersuppe mit Minze

Für 4 Portionen

1 Zwiebel

400 g Hühnerbrust

1,5 l Hühnerbrühe

60 g Reis

Salz

Pfeffer

1 1/2 El Zitronensaft

4 El frisch gehackte Minze

*Zubereitungszeit 20 Minuten
(plus Garzeit)
Pro Portion ca. 150 kcal/620 KJ
10 g E, 4 g F, 18 g KH, 1,5 KE-BE*

1 Die Zwiebel schälen und hacken, die Hühnerbrust von der Haut befreien. Zwiebel und Hühnerbrust in einen großen Topf geben und mit der Hühnerbrühe übergießen.

2 Die Suppe aufkochen, entstehenden Schaum abschöpfen. Anschließend die Temperatur herunterschalten und die Suppe einige Minuten köcheln. Reis einrühren, mit Salz und Pfeffer würzen. Die Suppe weitere 30 Minuten köcheln.

3 Nach der Garzeit das Hühnerfleisch aus der Suppe nehmen und klein schneiden bzw. zuerst die Haut entfernen, Fleisch von den Knochen lösen und klein schneiden. Die Suppe mit Zitronensaft abschmecken und mit Minze bestreut servieren.

Fischsuppe

1 Die Kartoffeln waschen, schälen und würfeln. Den Fischfond erhitzen und die Kartoffelwürfel darin 15 Minuten garen.

2 Paprikaschoten putzen, waschen, entkernen und in Streifen schneiden. Die Paprikastreifen die letzten 10 Minuten mit den Kartoffelwürfeln garen.

3 Die Tomaten heiß überbrühen, von Stielansatz, Haut und Kernen befreien und klein schneiden. Knoblauch schälen und klein schneiden. Die Tomaten mit dem Knoblauch, Gewürzen und Öl pürieren.

4 Das Fischfleisch von restlichen Gräten befreien und in mundgerechte Stücke schneiden. Ein Drittel der Kartoffelwürfel aus der Brühe nehmen, Fisch zugeben und etwa 3 Minuten ziehen lassen.

5 Restliche Kartoffeln pürieren, mit dem Gemüsepüree in die Suppe rühren und erhitzen. Suppe mit Salz und Pfeffer abschmecken und mit Dill bestreut servieren.

Für 4 Portionen

350 g Kartoffeln

1 l Fischfond

je 1 grüne und gelbe Paprikaschote

2 Tomaten

2 Knoblauchzehen

1 Msp. Kreuzkümmel

1 Tl edelsüßes Paprikapulver

1 El Olivenöl

250 g festes Fischfilet

Salz, Pfeffer

2 El frisch gehackter Dill

Zubereitungszeit: 30 Minuten (plus Garzeit)
Pro Portion ca. 160 kcal/660 KJ
15 g E, 4 g F, 16 g KH, 1,5 KE-BE

Kartoffelsuppe mit Krabben

Für 4 Portionen

250 g Kartoffeln

1 Bund Suppengrün

200 ml Milch (1,5 % Fett)

1 El Butter

Salz, Pfeffer

60 g gekochter Schinken

120 g frische
Nordseekrabben

2 El frisch gehackte
Petersilie

*Zubereitungszeit: 30 Minuten
(plus Kochzeit)
Pro Portion ca. 140 kcal/560 KJ
11 g E, 4 g F, 13 g KH, 1 KE-BE*

1 Die Kartoffeln schälen und waschen, das Suppengrün putzen, Karotte und Sellerie schälen, vom Porree nur den weißen Teil verwenden. Die Kartoffeln und das Wurzelgemüse würfeln, den Porree in Ringe schneiden.

2 In einem Topf etwa 400 ml Wasser mit etwas Salz erhitzen. Kartoffeln und Gemüse darin etwa 20 Minuten garen. Anschließend die Suppe pürieren. Die Milch einrühren.

3 Butter in einer Pfanne erhitzen. Schinken würfeln, Krabben abspülen. Schinken und Krabben in der heißen Butter schwenken und in die Suppe geben. Mit Petersilie bestreut servieren.

Tipp:
Dazu Schwarzbrot und Butter reichen.

Gemüsesuppe mit Brotwürfeln

1 Die Steckrüben, die Karotten und die Kartoffeln schälen und in Stücke schneiden. Das Dörrfleisch in Würfel schneiden. Die Zwiebeln schälen und in Ringe schneiden.

2 Das Rapsöl in einem Topf erhitzen und die Dörrfleischwürfel darin schmoren. Die Dörrfleischwürfel herausnehmen, das Gemüse und die Zwiebelringe in den Topf geben und unter Rühren schmoren.

3 Die Gemüsebrühe angießen und das Gemüse etwa 20 Minuten bei geringer Temperatur garen. 10 Minuten vor Ende der Garzeit den Majoran hinzugeben.

4 Anschließend die Suppe pürieren und die Dörrfleischwürfel in die Suppe geben. Mit Salz, Pfeffer, Zucker und Essig würzig abschmecken.

5 Die Weißbrotscheiben entrinden und in Würfel schneiden. Die Butter in einer Pfanne erhitzen und die Brotwürfel darin knusprig rösten. Die Gemüsesuppe mit gerösteten Brotwürfeln und Kräutern bestreut servieren.

Für 4 Portionen

250 g Steckrüben

2 Karotten

3 Kartoffeln

50 g Dörrfleisch

2 Zwiebeln

1 El Rapsöl

750 ml Gemüsebrühe

1/2 Tl gerebelter Majoran

Salz, Pfeffer

1/2 Tl Zucker

1 Spritzer Essig

2 Weißbrotscheiben

2 El Butter

1 El frisch gehackte Kräuter
(Petersilie oder Majoran)

*Zubereitungszeit: 30 Minuten
(plus Garzeit)
Pro Portion ca. 190 kcal/820 KJ
7 g E, 9 g F, 21 g KH, 2 KE-BE*

74

Gefüllte Auberginen

1 Die Auberginen putzen, waschen, trocknen und streifig schälen. Mit einem Messer längs einritzen und mit der Messerspitze mehrmals einstechen. Auberginen in eine Schüssel legen, mit Salz bestreuen, mit Wasser beträufeln und 15 Minuten ziehen lassen.

2 Auberginen abwaschen und die Flüssigkeit herausdrücken. 3 El Öl in einer Pfanne erhitzen und die Auberginen darin von allen Seiten etwa 5–7 Minuten braten. Herausnehmen und mit einem Löffel eine Mulde in die Auberginen drücken.

3 Zwiebeln und Knoblauchzehen schälen und hacken. Spitzpaprika putzen, waschen und klein schneiden. Die Tomaten waschen, vom Stielansatz befreien und das Fruchtfleisch der Hälfte der Tomaten in Stücke schneiden. Die andere Hälfte der Tomaten in Achtel schneiden.

4 Backofen auf 160 °C (Umluft 140° C) vorheizen. Zwiebeln und Knoblauch im restlichen Öl dünsten. Tomatenwürfel, Paprika, Petersilie, Pfeffer und Salz dazugeben und mitschmoren. Etwa 200 ml Wasser hinzugeben und alles weitere 10 Minuten köcheln. Abgießen und die Flüssigkeit auffangen.

5 Die Auberginen mit dem Gemüse füllen und mit den Tomatenachteln bedecken. In eine Auflaufform legen. Kochflüssigkeit und ca. 200 ml Wasser in die Form füllen und alles mit Folie abdecken. Im Ofen etwa 30 Minuten garen. Auberginen abkühlen lassen. Garsud mit Salz und Pfeffer abschmecken und Auberginen damit beträufeln.

Gemüsespieße mit Schafskäse

Für 4 Portionen

Holzspieße

2 Zweige Thymian

2 Zweige Rosmarin

1 Bund Basilikum

150 ml Olivenöl

3–4 Knoblauchzehen

2 Zwiebeln

Salz und Pfeffer

400 g Schafskäse

2 kleine Zucchini

1 kleine Aubergine

1 grüne Paprikaschote

20 Kirschtomaten

250 g Joghurt (1,5 % Fett)

*Zubereitungszeit: 20 Minuten
(plus Marinier- und Grillzeit)
Pro Portion ca. 480 kcal/2030 KJ
23 g E, 39 g F, 10 g KH, 1 KE-BE*

1 Holzspieße in kaltes Wasser legen. Kräuter waschen, trockenschütteln und die Blättchen von den Stielen zupfen. Thymian und Rosmarin klein hacken und mit 100 ml Olivenöl vermischen. Knoblauch und Zwiebeln schälen. 1 Knoblauchzehe dazupressen und mit Salz und Pfeffer würzen.

2 Schafskäse in mundgerechte Würfel schneiden. Zucchini, Aubergine und Paprika putzen und waschen. Zucchini und Aubergine ebenfalls in Würfel schneiden. Paprika halbieren, Stielansatz und Kerne entfernen und die Hälften in Stücke schneiden. Zwiebeln vierteln. Schafskäse mit dem Gemüse im Wechsel mit den gewaschenen Kirschtomaten auf die Holzspieße stecken. 20 Minuten in der Kräutermarinade ziehen lassen.

3 Für den Dip Basilikum mit restlichem Olivenöl fein pürieren. Joghurt unterrühren, mit Salz und Pfeffer würzen.

4 Die Spieße auf dem Grill von beiden Seiten etwa 1–2 Minuten grillen. Noch warm mit dem Dip servieren.

Für 4 Portionen

5 Blatt weiße Gelatine

125 ml trockner Weißwein

1 El Zitronensaft

1 Spritzer Süßstoff

je 1 Prise Salz, Pfeffer

200 ml süße Sahne

6 Artischockenböden a. d. Dose

1 kleine Dose Champignons

150 g gare, gewürfelte Möhren

200 g gegarte Garnelen

Zubereitungszeit: ca. 25 Minuten (plus Kühlzeit)
Pro Portion ca. 270 kcal/1120 KJ
15 g E, 18 g F, 5 g KH, 0,5 KE-BE

Garnelensülzchen im Glas

1   Die Gelatine etwa 5 Minuten in Wasser einweichen.

2   Den Wein erhitzen, aber nicht kochen. Zitronensaft mit Süßstoff, Salz und Pfeffer hinzufügen. Vom Herd nehmen, ausgedrückte Gelatine darin auflösen und abkühlen lassen.

3   Die Sahne steif schlagen und darunter heben.

4   Artischockenböden und Champignons abtropfen lassen und beides klein würfeln. Mit den Möhren und den Garnelen mischen. Alles unter die Wein-Sahne-Mischung heben.

5   Masse auf 4 Gläser verteilen. Abgedeckt im Kühlschrank mindestens 6 Stunden erstarren lassen.

Für 4 Portionen

1 kg große Kartoffeln

800 ml Pilzfond

1 El Walnussöl

80 g Sonnenblumenkerne

80 g Sesamsaat

80 g grobes Meersalz

20 g gerebelter Koriander

Für den Dip

1 Bund Basilikum

1 Bund Frühlingszwiebeln

300 g Magerquark

150 g Joghurt (1,5 % Fett)

Salz, Pfeffer

*Zubereitungszeit: ca. 15 Minuten
(plus Garzeit)
Pro Portion ca. 480 kcal/2010 KJ
24 g E, 24 g F, 40 g KH, 4 KE-BE*

Würzkartoffeln mit Dip

1 Die Kartoffeln waschen und mit Schale im Pilzfond ca. 10 Minuten garen. Anschließend abgießen, ausdämpfen lassen und halbieren.

2 Den Backofen auf 200 °C vorheizen. Ein ausreichend großes Backblech mit etwas Öl beträufeln. Die Sonnenblumenkerne, Sesam, Salz und Koriander auf das Blech streuen. Die Kartoffeln mit der Schnittseite aufs Blech setzen. Das Ganze im Backofen auf der mittleren Einschubleiste ca. 20 Minuten backen.

3 Für den Dip das Basilikum waschen, trocknen und in Streifen schneiden. Die Frühlingszwiebeln putzen, waschen und in Ringe schneiden. Frühlingszwiebeln und Basilikum mit dem Magerquark und Joghurt verrühren. Mit Salz und frisch gemahlenem Pfeffer abschmecken.

4 Die gebackenen Kartoffelscheiben auf Tellern anrichten und mit dem Dip servieren.

Fächerkartoffeln

1 Den Backofen auf 240 °C (Umluft 220 °C) vorheizen. Die Kartoffeln schälen, waschen und anschließend fächerförmig einschneiden. Beim Einschneiden darauf achten, dass die Kartoffel nicht ganz durchgeschnitten werden.

2 Die Butter in einem Topf schmelzen und die Kartoffeln leicht damit einstreichen. Etwas Butter übrig lassen.

3 Nun die Kartoffeln mit der aufgeschnittenen Seite nach oben nebeneinander in eine ausgefettete feuerfeste Form legen, mit Salz bestreuen und ca. 30 Minuten im Ofen backen. Ab und zu mit Butter bepinseln.

4 Nach dem Backen die Kartoffeln mit Paniermehl bestreuen und mit der restlichen Butter beträufeln. Weitere 10 Minuten backen, danach den Käse über die Kartoffeln streuen und noch einmal 5 Minuten backen, bis der Käse geschmolzen und leicht gebräunt ist.

Für 4 Portionen

12 gleich große Kartoffeln à 80 g

40 g Butter

1 Tl Salz

2 El Paniermehl

30 g frisch geriebener Parmesan

Zubereitungszeit: ca. 20 Minuten (plus Backzeit)
Pro Portion ca. 260 kcal/1090 KJ
7 g E, 11 g F, 32 g KH, 3 KE-BE

Kartoffel-Omelett

Für 4 Portionen

450 g Kartoffeln

50 g schwarze Oliven ohne Stein

3 grüne Peperoni

je 1 rote und grüne Paprikaschote

1 El Kapern aus dem Glas

2 El Olivenöl

1 El Chiliöl

Salz, Pfeffer

Paprikapulver

1 Msp. Harissa

5 Eier

6 El Milch (1,5 % Fett)

1 Bund Zitronenmelisse

Zubereitungszeit: ca. 40 Minuten
Pro Portion ca. 330 kcal/1380 KJ
14 g E, 21 g F, 18 g KH, 2 KE-BE

80

1 Die Kartoffeln gründlich waschen und in Scheiben schneiden. Die Oliven abtropfen lassen und halbieren. Peperoni und Paprika putzen, waschen, halbieren, entkernen und in Streifen schneiden. Die Kapern abtropfen lassen.

2 Oliven- und Chiliöl in einer großen Pfanne erhitzen und die Kartoffelscheiben darin anbraten. Das Gemüse dazugeben, alles würzen und ca. 5 Minuten braten.

3 Die Eier mit der Milch verrühren, über die Kartoffeln gießen und stocken lassen. Die Pfanne dabei abdecken und die Hitze reduzieren.

4 Zitronenmelisse waschen, trocknen und die Blättchen abzupfen. Das Omelett auf Tellern anrichten und mit Zitronenmelisse garniert servieren.

Geschmorte Kartoffeln

1 Die Kartoffeln gut abbürsten, nicht zerkleinern. Die Zwiebel schälen und in Würfel schneiden. Die Knoblauchzehe schälen und erdrücken.

2 Die Tomaten waschen, von den Stielansätzen befreien und würfeln.

3 Das Öl in einer Pfanne erhitzen und die Kartoffeln darin gut anbraten. Zwiebeln und Knoblauch dazugeben und mitschmoren.

4 Die Tomatenwürfel in die Pfanne geben und alles bei geschlossenem Deckel und niedriger Temperatur etwa 25 Minuten schmoren. Mit Salz und Pfeffer abschmecken und mit Petersilie garnieren.

Tipp:
Anstelle von frischen Tomaten können Sie über die Wintermonate auch 1 kleine Dose geschälte Tomaten hinzufügen.

Für 4 Portionen

500 g kleine Kartoffeln

1 große Zwiebel

1 Knoblauchzehe

350 g Tomaten

2 El Olivenöl

Salz

Pfeffer

gehackte Petersilie zum Garnieren

Zubereitungszeit: ca. 15 Minuten (plus Garzeit)
Pro Portion ca. 140 kcal/570 KJ
3 g E, 5 g F, 18 g KH, 2 KE-BE

Gefüllte Tomaten

Für 4 Portionen

4 große oder 8 kleine Tomaten

2 Knoblauchzehen

100 g gekochter Schinken

100 g Weißbrot

80 g Manchego

1/2 Bund Petersilie

1 El Olivenöl

2 Eier

Salz

Pfeffer

Zubereitungszeit: 25 Minuten (plus Backzeit)
Pro Portion ca. 260 kcal/1100 KJ
17 g E, 14 g F, 17 g KH, 1,5 KE-BE

1 Die Tomaten waschen, den Stielansatz abschneiden und im oberen Drittel einen Deckel abschneiden. Die Tomaten vorsichtig aushöhlen und innen mit Salz und Pfeffer würzen. Den Backofen auf 200 °C (Umluft 180 °C) vorheizen.

2 Die Knoblauchzehen schälen und fein hacken. Den Schinken würfeln. Das Weißbrot zwischen den Händen zerkrümeln. Den Käse reiben. Die Petersilie waschen, trockenschütteln und fein hacken.

3 Knoblauch, Schinken, Brotkrümel, Käse (2 El Käse zurückbehalten), Petersilie und Öl mischen. Die Eier verquirlen und unterheben. Die Masse in die ausgehöhlten Tomaten füllen.

4 Tomaten in eine gefettete Auflaufform setzen und mit dem restlichen Käse bestreuen. Im Ofen etwa 15 Minuten überbacken.

Gebackene Kartoffeln mit Rucolapesto

1 Den Backofen auf 200 °C vorheizen. Die Frühkartoffeln unter fließendem Wasser gründlich säubern. Falls nötig, eine Bürste nehmen.

2 Die Kartoffeln längs halbieren, die Rundung einige Male einritzen. Die Kartoffeln mit der Schnittfläche auf ein mit Backpapier belegtes Blech legen.

3 Eine Knoblauchzehe schälen und fein zerdrücken, mit Rapsöl und Salz verrühren. Die Kartoffeln mit der Ölmischung bepinseln, mit Zitronenpfeffer und Rosmarinnadeln bestreuen. Auf der mittleren Schiene des Backofens ca. 25 Minuten backen.

4 Für das Pesto Rucola und Petersilie waschen, grobe Stiele entfernen und den Rest gründlich trocknen. Knoblauchzehen schälen. Die Mandeln in einer beschichteten Pfanne ohne Zugabe von Fett rösten. Rucola, Petersilie, Knoblauch und Mandeln zusammen mit dem Rapsöl im Mixer oder mit dem Pürierstab pürieren. Mit dem geriebenen Käse verrühren und mit Salz und Pfeffer abschmecken.

5 Die gebackenen Kartoffeln mit Rucolapesto anrichten und servieren.

Für 4 Portionen

700 g mittelgroße Frühkartoffeln, fest kochend

1 Knoblauchzehe

2 El Rapsöl

1 Tl Salz

Zitronenpfeffer

einige Rosmarinnadeln

Für das Pesto

80 g Rucola

1 Bund Petersilie

3 Knoblauchzehen

40 g geschälte Mandeln

80 ml Rapsöl

60 g fein geriebener Bergkäse

Salz, Pfeffer

Zubereitungszeit: ca. 45 Minuten
Pro Portion ca. 450 kcal/1880 KJ
10 g E, 35 g F, 23 g KH, 2 KE-BE

83

Makkaroni mit Olivenpaste

Für 4 Portionen

320 g Makkaroni

Salz

75 g in Kräuter eingelegte grüne Oliven

4 Sardellenfilets in Öl

1 Knoblauchzehe

3 El Olivenöl

1 El Cognac

1 El Zitronensaft

1 Tl gerebelter Oregano

Pfeffer

500 g Fleischtomaten

200 g Artischockenherzen (aus dem Glas)

Zubereitungszeit: ca. 30 Minuten
Pro Portion ca. 430 kcal/1810 KJ
15 g E, 12 g F, 64 g KH, 6 KE-BE

1 Die Nudeln nach Packungsanweisung in reichlich kochendem Salzwasser garen. Danach abgießen und abtropfen lassen.

2 Die Oliven halbieren und entsteinen. Die Sardellen gründlich abspülen und trocknen. Die Knoblauchzehe schälen. Mit 2 El Olivenöl zusammen fein pürieren.

3 Weitere 2 El Olivenöl mit Cognac, Zitronensaft und Oregano verrühren und mit dem Oliven-Sardellen-Püree vermengen. Mit Salz und Pfeffer abschmecken.

4 Die Tomaten waschen, Stielansätze entfernen, kreuzweise einritzen, mit kochendem Wasser überbrühen, häuten, entkernen und das Fruchtfleisch würfeln. Die Artischockenherzen abtropfen lassen und vierteln.

5 Das restliche Olivenöl in einer Pfanne erhitzen und darin die Tomaten kurz anschwitzen. Dann die Artischocken untermengen und mit Salz und Pfeffer würzen.

6 Nudeln mit dem Gemüse vermischen und bei schwacher Hitze kurz erwärmen. Sofort servieren und die Olivenpaste dazu reichen.

84

Bandnudeln mit Paprika und Limette

1 Die Paprikaschoten halbieren, putzen, entkernen und ⸱aschen. Mit der Hautseite nach oben unter den Backofengrill ⸱gen, bis die Haut Blasen wirft. Herausnehmen und unter einem ⸱uchten Tuch abkühlen lassen. Anschließend häuten und das ⸱uchtfleisch in etwa 2 cm breite Streifen schneiden.

2 Die Chili halbieren, entkernen und in Streifen schneiden. ⸱n Knoblauch schälen und in Scheiben schneiden. Die Petersilie ⸱aschen, trocknen und fein hacken.

3 Die Nudeln nach Packungsanweisung in reichlich Salzwasser bissfest garen.

4 Das Olivenöl in einer Pfanne erhitzen. Chili und Knoblauch darin 1–2 Minuten dünsten. Die Paprikastreifen dazugeben und mit Salz und Pfeffer würzen. Die gehackte Petersilie unterheben.

5 Die Nudeln abgießen und mit dem Paprikagemüse auf Tellern anrichten. Die Limette in Spalten schneiden und dazu servieren. Etwas Limettensaft über die Nudeln träufeln.

Für 4 Portionen

je 1 rote, gelbe und grüne Paprikaschote

1 rote Chili

3 Knoblauchzehen

1/2 Bund glatte Petersilie

320 g Bandnudeln

2 El Olivenöl

Salz

Pfeffer

1 Limette

Zubereitungszeit: ca. 40 Minuten (plus Ruhe- und Garzeit)
Pro Portion ca. 400 kcal/1660 KJ
12 g E, 7 g F, 70 g KH, 6,5 KE-BE

Nudeln mit Tomatengemüse und Lachs

Für 4 Portionen

100 g Rucola

50 g durchwachsener Speck

3 Sardellenfilets

400 g Cocktailtomaten

4 Schalotten

2 Knoblauchzehen

350 g Lachsfilet ohne Haut

2 El Olivenöl

Salz

320 g Linguine oder Spaghetti

Pfeffer

Zubereitungszeit: ca. 30 Minuten
Pro Portion ca. 570 kcal/2390 KJ
30 g E, 21 g F, 64 g KH, 6 KE-BE

1 Den Rucola verlesen, waschen und trocknen. Die kleinen Blättchen ganz lassen, die großen in Stücke zupfen oder grob zerkleinern. Rucola auf 4 Teller verteilen. Den Speck in kleine Würfel schneiden. Die Sardellen kalt abspülen, damit sie nicht zu salzig sind, trockentupfen und fein hacken.

2 Die Tomaten waschen, trocknen und vierteln. Das innere Fruchtfleisch mit den Kernen herausschneiden und grob hacken. Den Rest der Tomaten so belassen. Die Schalotten und den Knoblauch schälen und fein würfeln. Den Fisch kalt abspülen, trocken tupfen und in 1—2 cm große Würfel schneiden.

3 Das Öl in einer großen Pfanne erhitzen. Den Speck darin be mittlerer Hitze langsam knusprig braten. Die Nudeln nach Packung anweisung al dente kochen. Schalotten und Knoblauch zum Speck geben und glasig dünsten. Die Fischwürfel zugeben und etwa 2 M nuten braten. Alles in eine große, vorgewärmte Schüssel geben.

4 Die Tomatenviertel mit dem gehackten Fruchtfleisch und die Sardellen in die Pfanne geben und kurz aufkochen. Zum Lachs in die Schüssel geben. Die abgetropften Nudeln mit Lachs und Tomatengemüse vermischen. Auf dem Rucola anrichten, mit Pfeffe würzen und sofort servieren.

Frischer Nudelsalat

1 Die Nudeln nach Packungsanweisung in leicht gesalzenem Wasser bissfest garen.

2 Die Tomaten waschen, halbieren und in schmale Spalten schneiden. Die Paprika waschen, längs halbieren, entkernen und in Streifen schneiden. Den Käse ebenfalls in Streifen schneiden.

3 Nach Ende der Kochzeit die Nudeln in einem Sieb abgießen und abschrecken. Anschließend gut abtropfen und abkühlen lassen. Die Selleriestangen putzen, waschen und in Stücke schneiden.

4 Die Nudeln mit dem Gemüse in eine Schüssel geben und vermengen. Die aufgetauten Kräuter mit dem Öl und dem Apfelessig verrühren. Mit Salz, Pfeffer und Paprika kräftig abschmecken.

5 Die Sauce über die Salatzutaten geben, alles vermengen und ca. 10 Minuten durchziehen lassen. Den Salat auf Tellern anrichten und servieren.

Für 4 Portionen

250 g Spaghetti

Salz

100 g Kirschtomaten

1 gelbe Paprikaschote

150 g Emmentaler

4 Stangen Staudensellerie

50 g italienische Kräuter (TK)

4 El Olivenöl

4 El Apfelessig

Pfeffer

Paprikapulver

Zubereitungszeit: ca. 35 Minuten
Pro Portion ca. 490 kcal/2060 KJ
20 g E, 22 g F, 51 g KH, 5 KE-BE

Für 4 Portionen

4 große Kartoffeln

250 g Champignons

100 g Sojabohnensprossen

6 Frühlingszwiebeln

1 El Olivenöl

Salz

Pfeffer

50 g frisch geriebener Parmesan

1 Tl getrockneter Thymian

Zubereitungszeit: ca. 20 Minuten (plus Back- und Schmorzeit)
Pro Portion ca. 250 kcal/1050 KJ
12 g E, 8 g F, 32 g KH, 3 KE-BE

Gefüllte Backofenkartoffeln

1 Den Backofen auf 200 °C (Umluft 180 °C) vorheizen. Die Kartoffeln gut waschen und mit einer Gabel einstechen. Auf ein Backblech setzen und im Ofen etwa 45 Minuten garen.

2 Die Pilze putzen, feucht abreiben und in Scheiben schneiden. Sojasprossen waschen und gut abtropfen lassen. Die Frühlingszwiebeln putzen, waschen und in Ringe schneiden.

3 Von den Kartoffeln das obere Drittel abschneiden und das Innere etwas aushöhlen. Das Öl in einer Pfanne erhitzen und das Gemüse darin kurz dünsten, mit Salz und Pfeffer würzen. Die Gemüsemischung in die Kartoffeln füllen.

4 Kartoffeln im Ofen 10 Minuten überbacken, anschließend mit Parmesan und Thymian bestreuen und servieren.

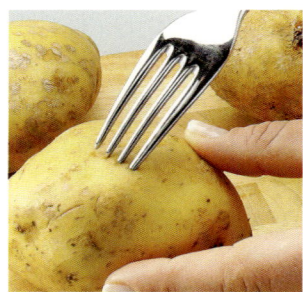

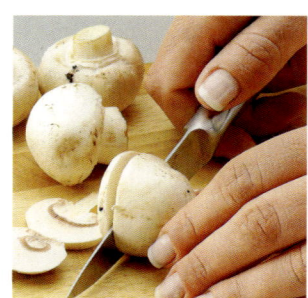

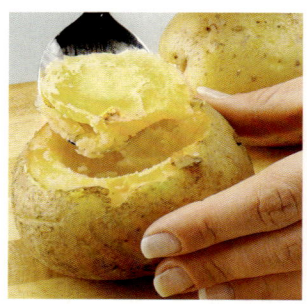

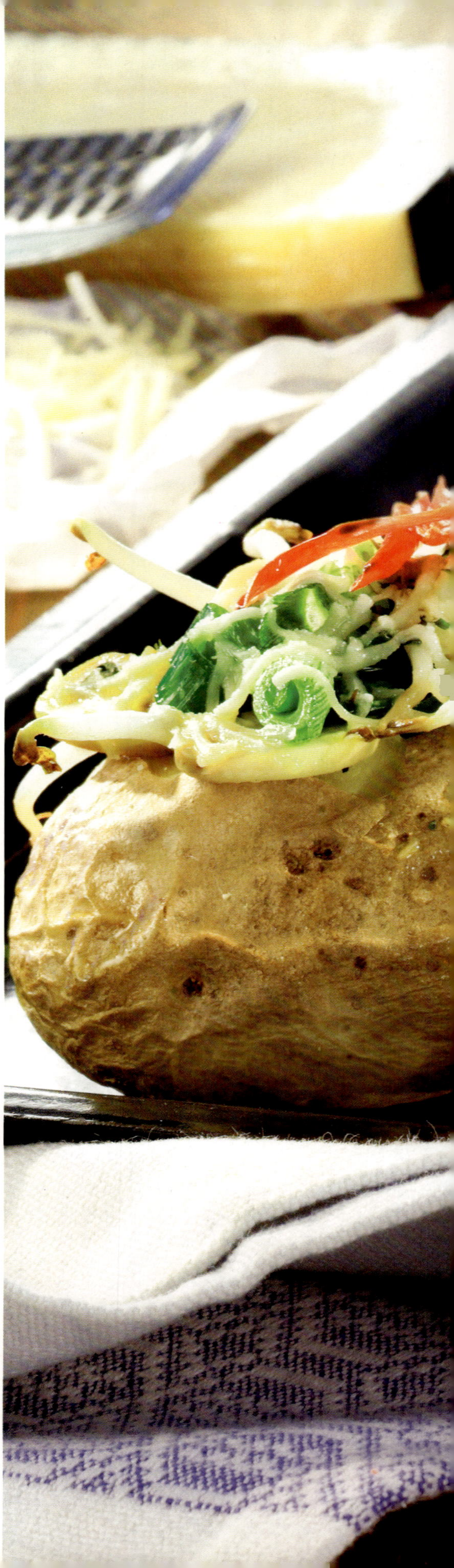

Gemüse-Rösti mit Kräuterjoghurt

Für 6 Portionen

500 g Kartoffeln

800 g Möhren

2 Bund Schnittlauch

3 Eier

Salz

1 Tl Curry

Pfeffer

6 El Rapsöl

300 g Joghurt (1,5 % Fett)

*Zubereitungszeit: ca. 20 Minuten
(plus Garzeit)
Pro Portion ca. 250 kcal/1060 KJ
9 g E, 14 g F, 21 g KH, 2 KE-BE*

1 Den Backofen auf 100 °C vorheizen. Die Kartoffeln und die Möhren mit dem Sparschäler schälen, waschen und grob raspeln.

2 Den Schnittlauch waschen, trockentupfen und in Röllchen schneiden.

3 Die Kartoffeln, Möhren, Eier, die Hälfte des Schnittlauchs und alle Gewürze gut verrühren.

4 Etwas Öl in einer Pfanne erhitzen und kleine Rösti darin braten. Jeweils warm stellen.

5 Den Joghurt mit dem restlichen, in Röllchen geschnittenen Schnittlauch verrühren. Mit Salz und evtl. Pfeffer abschmecken und zu den Rösti servieren.

Exotische Fischspießchen

1 Das Seelachsfilet waschen, trockentupfen, in mundgerechte Würfel schneiden und mit dem Zitronensaft beträufeln.

2 Die Ananas schälen, Strunk entfernen und in mundgerechte Stücke schneiden.

3 Die Zwiebeln schälen und halbieren. Die Paprikaschote putzen, waschen und in Stücke schneiden.

4 Die Zutaten abwechselnd auf Spieße stecken und mit Salz und Pfeffer würzen. Mit dem Öl bestreichen und unter häufigem Wenden 10–15 Minuten grillen.

5 Den Joghurt mit dem Quark glatt rühren und mit Salz, Pfeffer und dem Currypulver abschmecken. Die Sauce zu den Spießen servieren.

Für 4 Portionen

500 g Seelachsfilet

1 El Zitronensaft

1 Ananas

4 Zwiebeln

1 rote Paprikaschote

Salz

Pfeffer

2 El Rapsöl

150 g Joghurt (1,5 % Fett)

200 g Magerquark

1/2 Tl Currypulver

Zubereitungszeit: 25 Minuten
Pro Portion ca. 280 kcal/1160 KJ
31 g E, 5 g F, 25 g KH, 2 KE-BE

Für 12 Stücke

125 g Magerquark

1 Eigelb

Salz

1 Prise Zucker

3 El Milch (1,5 % Fett)

3 El Rapsöl

260 g Mehl Type 550

1 kg Spinat

1 Zwiebel

2 El Olivenöl

Pfeffer

**1 Prise edelsüßes
Paprikapulver**

1 Prise Muskat

3 Eier

200 ml Sojacreme

**50 g frisch geriebener
Gruyère**

Fett für die Form

*Zubereitungszeit: 30 Minuten
(plus Ruhe- und Backzeit)
Pro Stück ca. 200 kcal/860 KJ
9 g E, 11 g F, 17 g KH, 1,5 KE-BE*

Spinattorte

1 Den Quark mit dem Eigelb, etwas Salz, Zucker, der Milch und dem Rapsöl in einer Schüssel miteinander mischen. 250 g Mehl zugeben und alles zu einem glatten Teig verarbeiten. Den Teig 10 Minuten ruhen lassen.

2 Den Teig anschließend auf einer Arbeitsfläche ausrollen und eine gefettete Springform (22 cm Ø) damit auslegen. Den Teig mit einer Gabel mehrmals einstechen und zugedeckt kühl stellen. Den Backofen auf 200 °C (Umluft 180 °C) vorheizen.

3 Den Spinat verlesen und waschen. Feucht in einen Topf geben und unter Rühren zusammenfallen lassen. Spinat aus dem Topf nehmen und in einem Sieb gut abtropfen lassen. Dann hacken. Die Zwiebel schälen und hacken.

4 Das Olivenöl in einer Pfanne erhitzen, Zwiebel und Spinat darin andünsten. Mit Salz, Pfeffer, Paprika und Muskat würzen und etwas abkühlen lassen.

5 Restliches Mehl mit den Eiern, der Sahne und dem Käse mischen und den Spinat unterheben. Die Masse auf dem Teig verteilen und im Ofen etwa 45 Minuten backen. Bei ausgeschaltetem Ofen weitere 10 Minuten im Ofen lassen. Warm servieren.

Hauptgerichte

Fleisch, Fisch oder auch vegetarisch!
Hier finden Sie tolle Alltagsrezepte
und interessante Sonntagsgerichte.
Tauchen Sie ein und schlemmen Sie
ohne Reue Schnitzel in Portweinsauce,
Frühlingsgemüse-Gratin oder Schell-
fisch mit Fenchel.

Für 4 Portionen

4 Schalotten

250 ml Geflügelbrühe

4 Putenschnitzel à 125 g

Salz

Pfeffer

2 El Mehl

2 El Olivenöl

6 ml Weißwein

1 Bund Schnittlauch

Saft und abgeriebene
Schale von 1 unbehandelten
Zitrone

1 El Butter

*Zubereitungszeit: ca. 20 Minuten
(plus Brat- und Kochzeit)
Pro Portion ca. 230 kcal/950 KJ
32 g E, 6 g F, 8 g KH, 0,5 KE-BE*

Für 4 Portionen

4 Hähnchenschnitzel

Salz, Pfeffer

2 Eiweiß

2 El Mehl

50 g Müsli mit gemahlenen
Nüssen, ohne Rosinen

3 El Olivenöl

125 ml Hühnerbrühe

40 ml Portwein

1/2 Tl Rosenpaprika

*Zubereitungszeit: ca. 30 Minuten
(plus Schmor- und Bratzeit)
Pro Portion ca. 380 kcal/1590 KJ
36 g E, 19 g F, 14 g KH, 1 KE-BE*

Schnitzel mit Schnittlauchsauce

1 Schalotten schälen und hacken. In der Geflügelbrühe erhitzen und auf die Hälfte einkochen. Schnitzel salzen und pfeffern, danach in Mehl wenden.

2 Olivenöl in einer Pfanne erhitzen und die Putenschnitzel darin von beiden Seiten etwa 4 Minuten braten. Aus der Pfanne nehmen und warm stellen.

3 Bratfond mit der durchgesiebten Brühe ablöschen. Wein angießen und die Sauce einkochen lassen. Schnittlauch waschen, hacken, in die Sauce rühren und mit Salz, Pfeffer und Zitrone abschmecken. Butter in Flöckchen dazugeben. Sauce über die Schnitzel geben und servieren.

Schnitzel mit Portweinsauce

1 Die Hähnchenschnitzel würzen. Eiweiß verquirlen. Schnitzel in Mehl, Eiweiß und Müsli wenden, gut festdrücken.

2 Olivenöl in einer Pfanne erhitzen und die Schnitzel darin von beiden Seiten etwa 8 Minuten braten. Aus der Pfanne nehmen und warm halten.

3 Den Bratfond mit Brühe ablöschen, den Portwein hinzufügen und aufkochen. 5 Minuten köcheln, bis die Sauce sämig ist. Mit Gewürzen abschmecken. Hähnchenschnitzel mit der Portweinsauce servieren.

Für 4 Portionen

1 Brathähnchen (ca. 1,5 kg)

Salz

Pfeffer

3 Zwiebeln

3 Knoblauchzehen

4 El Öl

200 g Langkornreis

je 1 Tl Pfefferkörner, Koriander und Kreuzkümmel

je 1 El Kurkuma und Kardamom

1 Stück frischer Ingwer, ca. 2 cm

3 Anissterne

1 Zimtstange

1–2 getrocknete Chilis

500 ml Geflügelbrühe

150 g Kartoffeln

2 Fleischtomaten

300 g Naturjoghurt (1,5 % Fett)

Saft von 1 Zitrone

Zubereitungszeit: 30 Minuten (plus Garzeit)
Pro Portion ca. 780 kcal/3270 KJ
58 g E, 36 g F, 55 g KH, 5 KE-BE

Hähnchen orientalisch

1   Backofen auf 180 °C vorheizen. Hähnchen in 8 Portionsteile zerlegen und mit Salz und Pfeffer einreiben.

2   Zwiebeln und Knoblauch schälen und fein hacken. In einem Bräter 2 El Öl erhitzen, Reis mit Zwiebeln und Knoblauch darin glasig dünsten.

3   Gewürze dazugeben, die Brühe angießen und 5 Minuten köcheln lassen. Kartoffeln schälen, waschen und klein würfeln. Kartoffeln zu der Gewürzmischung geben und 5 Minuten weiter köcheln lassen.

4   Restliches Öl in einer Pfanne erhitzen, Fleisch darin von allen Seiten 5 Minuten braten und zur Reismischung dazugeben.

5   Alles im vorgeheizten Backofen bei 180 °C etwa 10 bis 15 Minuten schmoren. Nicht umrühren, wenn notwendig etwas Brühe dazugießen.

6   Tomaten kreuzweise einritzen, Stielansätze entfernen und mit kochendem Wasser überbrühen. Anschließend häuten und klein gewürfelt zum Hähnchen geben.

7   Alles 10 Minuten weiter köcheln. Joghurt und Zitronensaft unterheben. 5 Minuten ziehen, aber nicht mehr kochen lassen.

Für 4 Portionen

1 Brathähnchen (ca. 1,5 kg)

Saft von 1 Zitrone

1 Tl Salz

1 Zwiebel

2 Knoblauchzehen

5 cm Ingwerwurzel

1 Tl gemahlener Koriander

2 Tl gemahlener Kreuzkümmel

1 Tl Nelkenpulver

2 Lorbeerblätter

1/2 Tl Cayennepfeffer

1 Tl Kurkuma

150 ml Joghurt

1 Zitrone

Zubereitungszeit: ca. 1 Stunde (plus Marinier- und Garzeit)
Pro Portion ca. 450 kcal/1900 kJ
51 g E, 25 g F, 6 g KH, 0,5 KE-BE

Hähnchen mit Joghurt

1 Das Hähnchen waschen, trockentupfen und in 6 Teile schneiden. Die Hähnchenteile häuten und an der fleischigsten Stelle inschneiden. Mit Zitronensaft beträufeln und mit Salz einreiben.

2 Zwiebel, Knoblauch und Ingwer schälen und alles fein acken.

3 Gewürze, Zwiebel, Knoblauch und Ingwer sowie den Joghurt in einer Schüssel miteinander verrühren.

4 Die Hähnchenteile in einen Schmortopf legen und mit der Joghurtmischung überziehen. Mit Folie abdecken und mindestens 24 Stunden ziehen lassen. Währenddessen mehrmals wenden.

5 Den Backofen auf 200 °C (Umluft 180 °C) vorheizen. Nach der Marinierzeit die Hähnchenteile auf einem Backblech etwa 45 Minuten braten. Mit Zitronenvierteln garniert servieren.

Tipp:
Dazu passen Curry- oder Gewürzreis und ein grüner Blattsalat.

Bärlauchschnecken-Spieße

Für 4 Portionen

6 kleine Kalbsschnitzel à 80 g

Salz

Pfeffer

100 g Doppelrahm-frischkäse

1/2 Bund Bärlauch

2 El Olivenöl

125 ml Fleischbrühe

Zubereitungszeit: ca. 20 Minuten (plus Zeit zum Gefrieren und Braten)
Pro Portion ca. 260 kcal/1090 KJ
27 g E, 17 g F, 1 g KH, 0,5 KE-BE

1 Die Kalbsschnitzel mit Salz und Pfeffer würzen und mit dem Frischkäse bestreichen. Bärlauch waschen, trockenschütteln und die Blätter abzupfen. Auf den Schnitzeln verteilen.

2 Nun die Schnitzel zusammenrollen und auf gleiche Breite zuschneiden. Je 3 Rouladenstreifen nebeneinander auf langen Holzspießen aufspießen.

3 Das Olivenöl in einer Pfanne erhitzen und die Schnecken darin von jeder Seite etwa 4 Minuten braten. Brühe angießen und die Schnecken-Spieße etwa 15 Minuten garen.

Kalbsrouladen mit Paprikagemüse

Für 4 Portionen

4 Kalbsschnitzel à 120 g

Pfeffer

Salz

4 Scheiben Parmaschinken

8 getrocknete Aprikosen

3 El Olivenöl

1 rote Zwiebel

je 1 rote, grüne und gelbe Paprikaschote

200 ml Gemüsebrühe

1 El frisch gehackter Dill

Zubereitungszeit: ca. 30 Minuten (plus Schmor- und Bratzeit)
Pro Portion ca. 280 kcal/1180 KJ
28 g E, 12 g F, 13 g KH, 1 KE-BE

1 Die Schnitzel klopfen und mit Pfeffer und Salz würzen. Jeweils eine Scheibe Schinken und zwei Aprikosen auf ein Schnitzel legen. Schnitzel zusammenrollen und mit einem Holzstäbchen zusammen stecken.

2 Das Öl in einer Pfanne erhitzen und die Kalbsrouladen darin etwa 5 Minuten braten. Herausnehmen und in eine Auflaufform legen. Den Backofen auf 200 °C (Umluft 180 °C) vorheizen.

3 Die Zwiebel schälen und würfeln. Paprika putzen, waschen, entkernen und ebenfalls würfeln. Zwiebeln und Paprika im Bratfett anschmoren. Gemüsebrühe angießen, alles einmal aufkochen, mit Salz und Pfeffer würzen.

4 Gemüsemischung zu den Rouladen geben und im Ofen etwa 30 Minuten backen. Mit Dill garnieren.

Schnitzel-Auflauf mit Tomaten

Für 4 Portionen

4 Schweineschnitzel
à 125 g

Salz, Pfeffer

1 El edelsüßes
Paprikapulver

2 große Tomaten

2 El Rapsöl

1/2 Bund frisch gehacktes
Basilikum

200 ml Milch

2 Tl Stärke

1 Tl Senf

2 El Tomatenmark

50 g frisch geriebenen
Emmentaler

*Zubereitungszeit: ca. 30 Minuten
(plus Brat- und Backzeit)
Pro Portion ca. 320 kcal/1340 KJ
33 g E, 17 g F, 10 g KH, 1 KE-BE*

1 Den Backofen auf 170 °C (Umluft 150 °C) vorheizen. Die Schnitzel klopfen und würzen. Die Tomaten waschen, vom Stielansatz befreien und in Scheiben schneiden.

2 Das Rapsöl in einer Pfanne erhitzen und die Schnitzel darin von beiden Seiten etwa 5 Minuten braten. Schnitzel in eine Auflaufform legen. Mit Tomatenscheiben belegen und diese mit Basilikum, Pfeffer und Salz würzen.

3 Die Stärke mit 4 El Milch glatt rühren. Die restliche Milch erhitzen und mit der angerührten Stärke binden. Mit Senf, Tomatenmark, Pfeffer und Salz abschmecken und die Sauce über die Schnitzel geben. Käse darauf verteilen. Schnitzel im Ofen auf der mittleren Schiene etwa 30 Minuten backen. Dazu passen Nudeln.

Saltimbocca alla Romana

1 Die Schnitzel leicht klopfen und würzen. Jedes Schnitzel mit Schinkenscheibe und 1 Salbeiblatt belegen und die Schnitzel mit einem Holzstäbchen feststecken.

2 Das Öl in einer Pfanne erhitzen und die Schnitzel darin von jeder Seite 4 Minuten braten. Aus der Pfanne nehmen und warm stellen.

3 Den Wein in den Bratenfond geben und aufkochen. Mit Zitronensaft und Pfeffer abschmecken. Die Saltimbocca mit der Sauce servieren. Dazu passen Nudeln.

Für 4 Portionen

8 kleine Kalbsschnitzel à 60 g

Salz, Pfeffer

8 kleine Scheiben roher Schinken

8 frische Salbeiblätter

2 El Rapsöl

100 ml Weißwein

1 El Zitronensaft

Zubereitungszeit: ca. 20 Minuten (plus Bratzeit)
Pro Portion ca. 210 kcal/880 KJ
26 g E, 9 g F, 0 g KH, 0 KE-BE

Für 4 Portionen

4 Schweineschnitzel à 120 g

Salz

Pfeffer

3 Zwiebeln

3 El Rapsöl

2 El Mehl

125 ml Gemüsebrühe

60 ml Sherry

2 El frische
Schnittlauchröllchen

*Zubereitungszeit: ca. 25 Minuten
(plus Schmor- und Bratzeit)
Pro Portion ca. 270 kcal/1150 KJ
27 g E, 14 g F, 5 g KH, 0,5 KE-BE*

Zwiebelschnitzel

1 Die Schnitzel flach klopfen und mit Salz und Pfeffer würzen. Die Zwiebeln schälen und in Ringe schneiden.

2 Das Rapsöl in einer Pfanne erhitzen und die Schnitzel darin von beiden Seiten etwa 5 Minuten braten. Aus der Pfanne nehmen und warm stellen.

3 Die Zwiebelringe im Bratfett 3 Minuten glasig schmoren. Dann das Mehl darüber stäuben und mit Brühe und Sherry ablöschen. Die Sauce unter Rühren leicht andicken lassen. Mit Schnittlauch verfeinern. Die Schnitzel mit der Zwiebelsauce servieren. Dazu passt Kartoffelpüree.

Schnitzelröllchen mit Pilzfüllung

1 Die Pilze etwa 30 Minuten in heißem Wasser einweichen.
ie Frühlingszwiebeln putzen und in Ringe schneiden.

2 Pilze abgießen, das Einweichwasser auffangen und Pilze
lein schneiden. Die Schnitzel flach klopfen und mit Salz und
feffer würzen. Pilze mit den Zwiebeln und Liebstöckel im heißen
l kurz anbraten und die Schnitzel damit bestreichen. Zusammen-
llen und feststecken.

3 Den Backofen auf 220 °C (Umluft 200 °C) vorheizen. Die
Schnitzelröllchen in eine gefettete Aufflauform legen. Aus 200 ml
Einweichwasser, Sojacreme und Wein eine Sauce mischen und über
die Schnitzelröllchen geben. Im Ofen etwa 60 Minuten backen.
Dazu passen Nudeln.

Für 4 Portionen

30 g getrocknete Steinpilze

1/2 Bund Frühlingszwiebeln

4 Schweineschnitzel à 120 g

Salz, Pfeffer

2 El frisch gehacktes Liebstöckel

1 El Olivenöl

150 ml Sojacreme

150 ml Weißwein

*Zubereitungszeit: ca. 30 Minuten
(plus Einweich-, Schmor- und
Garzeit)
Pro Portion ca. 290 kcal/1220 KJ
27 g E, 16 g F, 3 g KH, 0,5 KE-BE*

Für 6 Portionen

1 grüne Paprikaschote

1 Aubergine

2 Zucchini

4 Tomaten

1 Chilischote

1 Zwiebel

1 Knoblauchzehe

800 g Rinderhackfleisch

Salz, Pfeffer

3 El Olivenöl

1 Tl getrocknete Kräuter der Provence

6 Tl saure Sahne

Zubereitungszeit: ca. 30 Minuten (plus Schmor- und Garzeit)
Pro Portion ca. 300 kcal/1240 KJ
28 g E, 18 g F, 5 g KH, 0,5 KE-BE

Für 4 Portionen

8 große Spitzpaprika

4 Frühlingszwiebeln

2 El Olivenöl

200 g Rinderhackfleisch

3 Chilis aus dem Glas

2 kleine Gemüsegurken

200 g gekochte Garnelen

Salz, Pfeffer

2 El Sojasauce

50 g frisch geriebener Cheddar

Zubereitungszeit: ca. 20 Minuten (plus Schmor- und Grillzeit)
Pro Portion ca. 280 kcal/1180 KJ
24 g E, 18 g F, 6 g KH, 0,5 KE-BE

Hackrollen mit Ratatouille

1 Paprikaschote, Aubergine und Zucchini putzen. Paprika entkernen, Paprika, Aubergine und Zucchini würfeln. Tomaten von den Stielansätzen befreien und in Stücke schneiden. Chili putzen, entkernen und in Ringe schneiden. Zwiebel und Knoblauch schälen und hacken.

2 Das Hackfleisch mit Chili, Zwiebel, Knoblauch, Salz und Pfeffer mischen und 1 El Eiswasser darunter mischen. Aus dem Teig Röllchen formen und im heißen Öl knusprig braten. Dann herausnehmen und warm stellen.

3 Das Gemüse in die Pfanne geben und unter Rühren etwa 10 Minuten schmoren. Mit Salz, Pfeffer und Kräutern abschmecken. Auf Teller verteilen und mit je 1 Tl saurer Sahne servieren.

Gefüllte Peperoni

1 Paprika waschen, trockenreiben und unter dem Backofengrill etwa 6 Minuten unter mehrmaligem Wenden rösten. Anschließend die Haut abziehen. Frühlingszwiebeln putzen und hacken.

2 Das Öl in einer Pfanne erhitzen und der Zwiebeln darin andünsten. Das Hackfleisch hinzufügen und krümelig braten. Chilis abtropfen lassen und hacken. Gurken schälen und fein würfeln. Beides zum Hackfleisch geben und etwa 3 Minuten mitschmoren. Garnelen unterheben, erhitzen und alles mit Salz, Pfeffer und Sojasauce abschmecken.

3 Die Peperonischoten aufschneiden, die Kerne entfernen. Die Hackfleischmasse hineinfüllen. Den Käse darüber streuen. Die Schoten unter dem heißen Grill etwa 3 Minuten überbacken.

Rinderfilet mit Spargel

Für 4 Portionen

800 g grüner Spargel

1 Tl Salz

50 g Butter

1 Eigelb, 1 El Weißwein

1/2 Bund frisch gehackte Petersilie

1 Tl Tomatenmark

Pfeffer, Zitronensaft

1 El Rapsöl

4 Scheiben Rinderfilet (á 150 g)

Zubereitungszeit: ca. 40 Minuten (plus Gar- und Bratzeit)
Pro Portion ca. 410 kcal/1720 KJ
34 g E, 28 g F, 5 g KH, 0,5 KE-BE

1 Spargel im unteren Drittel schälen, die Enden abschneiden und die Spargelstangen in kochendem Salzwasser bissfest garen. Abgießen, abtropfen lassen und warm stellen.

2 Die Butter in einem Topf zerlassen und etwas abkühlen lassen. Eigelb und Weißwein im Wasserbad schaumig rühren. Die zerlassene Butter nach und nach unter die Eimasse rühren. Petersilie und Tomatenmark unterheben und mit Salz, Pfeffer und Zitronensaft abschmecken. Die Sauce warm halten.

3 Das Öl in einer Pfanne erhitzen und das Fleisch darin von beiden Seiten etwa 3 Minuten braten. Mit Salz und Pfeffer würzen. Fleisch mit Spargel und der Sauce servieren. Dazu Reis reichen.

Rinderrouladen

1 Die Rouladen auf einer Arbeitsfläche flach klopfen und ˌlzen. Die Gurken längs in Scheiben schneiden. Kapern hacken.

2 Rouladen dünn mit Senf bestreichen, dann mit einer Scheibe ˌchinken belegen, darauf Gurkenscheiben und Kapern geben. Die ˌouladen zusammenrollen und mit Rouladennadeln feststecken. ˌen Backofen auf 160 °C (Umluft 140 °C) vorheizen.

3 Rapsöl in einer Pfanne erhitzen und die Rouladen darin von allen Seiten gut anbraten. Dann in einen Bräter legen. Den Bratensatz mit Rotwein ablöschen, aufkochen und mit der Rinderbrühe über die Rouladen geben. Im Ofen etwa 60 Minuten schmoren. Rouladen mit dem Bratensaft servieren. Dazu passen Knödel.

Für 4 Portionen

4 Rinderrouladen

Salz

4 Gewürzgurken

2 El Kapern

scharfer Senf

4 Scheiben gekochter Schinken

2 El Rapsöl

125 ml Rotwein

375 ml Rinderbrühe

Zubereitungszeit: 20 Minuten (plus Schmor- und Bratzeit)
Pro Portion ca. 290 kcal/1120 KJ
31 g E, 13 g F, 1 g KH, 0 KE-BE

Rindfleisch nach Szechuan-Art

1 Rindfleisch in dünne Scheiben schneiden. Das Rindfleisch in der Sojasauce ziehen lassen.

2 Zwiebeln und Knoblauch schälen, Zwiebeln in feine Ringe schneiden. Paprikaschoten und Chili putzen, waschen und klein hacken. Porree putzen, waschen und in feine Streifen schneiden. Aubergine putzen, waschen und würfeln. Ingwer schälen und klein hacken.

3 Öl im Wok erhitzen. Rindfleisch bei starker Hitze unter ständigem Rühren darin anbraten. Salzen und Pfeffern. Herausnehmen und beiseite stellen.

4 Danach die Auberginen, Zwiebeln, Ingwer und das restliche Gemüse anbraten, Knoblauch dazupressen. Alles bei starker Hitze pfannenrühren. Fleisch untermischen. Mit Reisessig, Reiswein, Salz und Pfeffer abschmecken. Dazu passt Reis.

Tipp:
Anstelle von Rindfleisch können Sie auch Puten- oder Hähnchenfleisch nehmen. Falls Sie keinen Reiswein haben, können Sie alternativ Sherry verwenden.

Lammragout mit Pilzen

Für 4 Portionen

**800 g Lammfleisch
(Schulter oder Keule)**

250 g Zwiebeln

200 g Tomaten

Salz, Pfeffer

100 ml Weißwein

250 ml Fleischbrühe

200 g Pfifferlinge

4 El süße Sahne

1 Tl Zitronensaft

**4 El frisch gehackte
Petersilie**

*Zubereitungszeit. 30 Minuten
(plus Schmor- und Garzeit)
Pro Portion ca. 470 kcal/1980 KJ
40 g E, 30 g F, 6 g KH, 0,5 KE-BE*

1 Das Fleisch in mundgerechte Würfel schneiden. Zwiebeln schälen und in Ringe schneiden. Tomaten häuten, entkernen und klein schneiden.

2 Rapsöl in einem Bräter erhitzen, die Zwiebelringe darin andünsten. Das Fleisch hinzufügen und von allen Seiten anbraten. Die Tomaten zugeben und alles etwa 5 Minuten schmoren. Mit Salz und Pfeffer würzen und mit Weißwein ablöschen. Mit so viel Brühe auffüllen, dass das Fleisch bedeckt ist. Bei geringer Temperatur etwa 45 Minuten gar schmoren.

3 15 Minuten vor Ende der Garzeit die Pilze putzen und klein schneiden. Zum Fleisch geben und mitschmoren.

4 Nach Ende der Garzeit die Sahne in das Ragout rühren und mit Zitronensaft, Petersilie, Salz und Pfeffer abschmecken. Zum Lammragout passen Salzkartoffeln und grüne Bohnen.

ammmedaillons

1 Die Medaillons auf einer Arbeitsfläche mit den Händen etwas ch drücken. Dann mit Salz und Pfeffer würzen.

2 1 El Olivenöl in einer Pfanne erhitzen und die Medaillons rin von beiden Seiten etwa 3 Minuten braten. Aus der Pfanne hmen und warm stellen.

3 Den Bratensatz mit Rotwein aufkochen und Crème fraîche dazugeben. Kräuter waschen, trockenschütteln, in die Sauce geben und aufkochen. Die Sauce durchsieben, mit Salz und Pfeffer abschmecken und über die Medaillons gießen.

4 Die Zwiebel schälen und fein hacken. Die Pfifferlinge gründlich putzen. Restliches Öl erhitzen und Zwiebel mit Pilzen darin anschmoren. Zu den Medaillons servieren.

Für 4 Portionen

8 Medaillons à 60 g

Salz, Pfeffer

2 El Olivenöl

125 ml trockener Rotwein

50 g Crème fraîche

1 Zweig Rosmarin

1 Zweig Thymian

1 Zwiebel

500 g frische Pfifferlinge

*Zubereitungszeit: 30 Minuten
(plus Schmorzeit)
Pro Portion ca. 280 kcal/1160 KJ
27 g E, 16 g F, 2 g KH, 0 KE-BE*

Hirschmedaillons

Für 4 Portionen

600 g Hirschmedaillons

1 Schalotte

1 El Rapsöl

Salz

Pfeffer

200 ml Wildfond

1 El Hagebuttenmark

4 El Sahne

*Zubereitungszeit: 20 Minuten
(plus Schmorzeit)
Pro Portion ca. 250 kcal/1050 KJ
32 g E, 13 g F, 2 g KH, 0 KE-BE*

1 Die Hirschmedaillons leicht flach drücken. Die Schalotte schälen und fein hacken.

2 Das Rapsöl in einer Pfanne erhitzen und die Schalotte andünsten. Medaillons zugeben und von beiden Seiten etwa 3 Minuten braten. Sie sollten innen noch rosa sein.

3 Die Medaillons mit Salz und Pfeffer würzen, aus der Pfanne nehmen und warm stellen. Den Bratensatz mit Wildfond ablöschen. Das Hagebuttenmark unterrühren und die Sahne hinzufügen.

4 Die Sauce etwas einkochen lassen, bis sie eine cremige Konsistenz hat. Mit Salz und Pfeffer abschmecken. Die Medaillons mit der Sauce servieren. Dazu passen Nudeln.

Rehkeule Toskana

1 Das Rehfleisch in 4 Stücke schneiden. Aus Rotwein, Lorbeer- blättern, Nelken, Pfefferkörnern und Kräutern eine Marinade her- stellen. Die Fleischstücke 3 Tage darin marinieren.

2 Fleisch herausnehmen, abtupfen und mit Salz und Pfeffer einreiben. Suppengrün putzen, waschen, schälen und klein schneiden. Zwiebeln und Knoblauch schälen und hacken. Tomaten von den Stielansätzen befreien und in Stücke schneiden.

3 Olivenöl in einem Bräter erhitzen und die Rehstücke darin von allen Seiten anbraten. Gemüse, Zwiebeln und Knoblauch zufügen und mitschmoren. Das Fleisch mit Mehl bestäuben und mit der Hälfte Rotweinmarinade ablöschen. Wildfond zugießen und das Fleisch etwa 60 Minuten schmoren. Fleisch aus dem Bräter nehmen, die Sauce pürieren. Mit Sahne abschmecken.

Für 4 Portionen

800 g ausgelöstes Rehfleisch

700 ml Rotwein

2 Lorbeerblätter

3 Nelken

5 Pfefferkörner

1/2 Tl getrockneter Thymian

1 Tl Rosmarin

Salz, Pfeffer

2 Bund Suppengrün

2 Zwiebeln

1 Knoblauchzehe

500 g Tomaten

2 El Olivenöl

2 El Mehl

200 ml Wildfond

4 El süße Sahne

Zubereitungszeit: 30 Minuten (plus Marinier- und Garzeit) Pro Portion ca. 370 kcal/1550 KJ 45 g E, 12 g F, 9 g KH, 0,5 KE-BE

Lammtopf mit Reisnudeln

1 Das Fleisch gut waschen und trockentupfen. Dann in Würfel schneiden. Den Backofen auf 200 °C (Umluft 180 °C) vorheizen.

2 Die Tomaten kreuzweise einritzen, mit kochendem Wasser überbrühen, häuten, von Stielansätzen und Kernen befreien und in Würfel schneiden. Zwiebeln und Knoblauch schälen und fein hacken.

3 Das Öl in einem großen Topf erhitzen und die Fleischwürfel darin von allen Seiten gut anbraten. Zwiebeln und Knoblauch zufügen und mitschmoren.

4 Tomaten zufügen und den Lammfond angießen. Mit Salz und Pfeffer abschmecken. Thymian waschen, trocknen und die Blättchen fein hacken. Zum Fleisch geben und alles abgedeckt im Ofen etwa 1 Stunde garen.

5 Nach Ende der Garzeit 1/4 Liter Wasser sowie den Weißwein zugießen und die Reisnudeln einrühren. Alles weitere 30 Minuten garen. Bei Bedarf etwas Wasser nachgießen. Mit Salz und Pfeffer würzen und mit Käse bestreut servieren.

Für 4 Portionen

Für die Paste

2 Knoblauchzehen

Salz

1/2 Tl Paprikapulver

1 Bund Koriandergrün

1/2 Bund Petersilie

1/2 Tl gemahlener
Kreuzkümmel

schwarzer Pfeffer

1 Zitrone

1 Tl Essig

1 El Olivenöl

Für die Spieße

600 g Rotbarschfilet

4 Tomaten

2 Zitronen

Zubereitungszeit: ca. 30 Minuten
(plus Marinierzeit)
Pro Portion ca. 190 kcal/790 KJ
27 g E, 4 g F, 8 g KH, 0,5 KE-BE

Fischspieße

1 Aus Knoblauch, Paprika und Salz im Mörser oder Mixer eine Paste zubereiten. Die restlichen Gewürze nach und nach zugeben und ebenfalls zermahlen.

2 Die Zitrone auspressen und den Saft mit Essig und Öl hinzugeben und alles zu einer homogenen Paste verarbeiten.

3 Die Paste auf kleiner Flamme etwas erwärmen, damit sich die Aromen voll entfalten können. Nicht kochen lassen! Die Paste abkühlen lassen.

4 Das Fischfilet waschen, trocknen und in Würfel schneiden. Mit der Paste bedecken und einige Stunden marinieren lassen.

5 Die Tomaten und die Zitronen in Spalten schneiden und abwechselnd mit den Fischwürfeln auf Spieße stecken. Auf dem Grill von allen Seiten gleichmäßig grillen. Dazu passt Fladenbrot.

Für 4 Portionen

600 g Lammlachse

3 rote Zwiebeln

2 rote Paprikaschoten

2 El Olivenöl

Saft von 1 Zitrone

1 Tl getrockneter Oregano

1/2 Tl edelsüßes
Paprikapulver

Salz

schwarzer Pfeffer

2 Knoblauchzehen

*Zubereitungszeit: ca. 1 Stunde
(plus Marinierzeit)
Pro Portion ca. 290 kcal/1220 KJ
33 g E, 12 g F, 11 g KH, 1 KE-BE*

119

Lammspieße vom Grill

1   Das Fleisch gut waschen und trockentupfen und in mundgerechte Stücke (etwa 4 x 4 cm) schneiden.

2   Die Zwiebeln schälen und vierteln. Die Paprikaschoten putzen, waschen, entkernen und in große Stücke schneiden.

3   Das Öl mit dem Zitronensaft, Oregano, Paprikapulver, Salz und Pfeffer mischen, den Knoblauch schälen, dazudrücken und die Fleischwürfel darin marinieren. Abgedeckt etwa 4–5 Stunden ziehen lassen.

4   Die Lammwürfel aus der Marinade nehmen und vorsichtig abtupfen. Die Marinade beiseite stellen. Nun die Fleischwürfel mit Paprika- und Zwiebelstücken abwechselnd auf Metallspieße stecken.

5   Die Spieße mit der Marinade einstreichen. Den Backofengrill auf höchste Stufe vorheizen und die Fleischspieße darunter etwa 10 Minuten grillen, dann erneut mit Marinade einpinseln und weitere 15 Minuten grillen, bis das Fleisch außen gut durchgebraten und innen leicht rosa ist.

Für 4 Portionen

1,5 kg weißer Spargel

Salz

350 g Pfifferlinge

1 El Rapsöl

**250 g Mungo-
bohnensprossen**

2 El Crème fraîche

**je 2 El frisch gehackter Dill
und Schnittlauch**

**2 El frisch gehackte
Petersilie**

Pfeffer

*Zubereitungszeit: ca. 30 Minuten
(plus Garzeit)
Pro Portion ca. 150 kcal/630 KJ
10 g E, 7 g F, 10 g KH, 1 KE-BE*

Spargel mit Gemüseragout

1   Den Spargel waschen, schälen, die Enden abschneiden und die Stangen in kochendem Salzwasser bissfest garen. Dann herausnehmen, abtropfen lassen und warm stellen. Kochsud aufbewahren.

2   Die Pfifferlinge putzen, waschen und abtropfen lassen. Öl in einer Pfanne erhitzen und die Pilze darin kurz andünsten. 250 ml Spargelfond zugeben und aufkochen lassen. Die Bohnensprossen waschen und zu den Pilzen geben. Alles etwa 5 Minuten köcheln.

3   Zuletzt die Crème fraîche mit den Kräutern in das Gemüseragout rühren und mit Salz und Pfeffer abschmecken. Spargel mit Gemüse anrichten, dazu Kartoffeln reichen.

Spargel mit neuen Kartoffeln und Butter

1   Den Spargel waschen, schälen, die Enden abschneiden und die Stangen in kochendem Salzwasser bissfest garen. Herausnehmen, abtropfen lassen und im Ofen warm stellen.

2   Die Kartoffeln gründlich bürsten, waschen und in der Schale in kochendem Wasser etwa 20 Minuten garen. Abgießen und ausdämpfen lassen. Die Butter in einem Pfännchen schmelzen. Schnittlauch waschen, trockenschütteln und in Röllchen schneiden.

3   Schnittlauchröllchen bis auf 1 El in die Butter streuen. Mit Salz und Pfeffer würzen. Den Spargel mit den neuen Kartoffeln in der Schale und der Butter servieren. Mit restlichen Schnittlauchröllchen bestreuen.

Für 4 Portionen

2 kg Spargel

Salz

800 g neue Kartoffeln

50 g Butter

1/2 Bund Schnittlauch

Pfeffer

*Zubereitungszeit: ca. 30 Minuten
(plus Garzeit)
Pro Portion ca. 320 kcal/1330 KJ
13 g E, 11 g F, 38 g KH, 3,5 KE-BE*

Gemischtes Gemüse in Kokosmilch

Zubereitungszeit: 30 Minuten (plus Schmor- und Garzeit)
Pro Portion ca. 120 kcal/490 KJ
5 g E, 4 g F, 14 g KH, 1 KE-BE

1 Das Gemüse putzen, waschen und trocknen. Zucchini in Scheiben, Weißkohl in Streifen schneiden. Blumenkohl in Röschen teilen, Möhre und Paprika in Stücke schneiden oder würfeln. Frühlingszwiebeln in 4 cm lange Stücke schneiden. Sojasprossen gründlich waschen. Bambussprossen in einem Sieb abtropfen lassen.

2 Schalotte und Knoblauch schälen und fein hacken. Schalotte, Knoblauch und Garnelenpaste mit Sambal Oelek und Salz zu einer dicken Paste mischen, Chili untermengen.

3 Das Öl in einer gusseisernen Pfanne oder im Wok erhitzen und die Paste darin unter Rühren etwa 3 Minuten schmoren. 200 ml Wasser und die Kokosmilch zugießen, aufkochen, dann das Gemüse hinzufügen und unterrühren. Pfanne oder Wok abdecken und das Gemüse etwa 10 Minuten garen. Mit Salz und Pfeffer abschmecken. Mit Reis servieren.

Für 4 Portionen

450 g Brokkoli

200 g Möhren

200 g Stangensellerie

2 Stängel frisches Zitronengras

2 Schalotten

2 Knoblauchzehen

2 El Sesamöl

Salz, Pfeffer

2 El Reiswein

1 El Chilibohnensauce

2 El Zitronensaft

2 Tl Austernsauce

1 1/2 Tl rote Currypaste

*Zubereitungszeit 30 Minuten
(plus Einweich- und Schmorzeit)
Pro Portion ca. 110 kcal/460 KJ
4 g E, 6 g F, 9 g KH, 0,5 KE-BE*

Scharfes Wok-Gemüse

1 Den Brokkoli waschen und in Röschen teilen, die Möhre schälen und diagonal in Streifen schneiden, den Sellerie putzen, waschen und in Stücke oder Streifen schneiden. Das Zitronengras bis auf die Enden schälen und diese dann in Scheiben schneiden.

2 Die Schalotten schälen und fein würfeln, den Knoblauch schälen und fein hacken. Das Öl in einem Wok erhitzen und gut verteilen. Zitronengras, Schalotten und Knoblauch darin etwa 1 Minute anschmoren, mit Salz und Pfeffer würzen. Dann das Gemüse zugeben und alles weitere 4 Minuten unter Rühren schmoren.

3 Reiswein und Bohnensauce zufügen und weiter rühren. Den Wokinhalt mit der Austernsauce mischen. Die Currypaste mit 200 ml Wasser mischen und zum Gemüse geben. Bei mittlerer Temperatur das Gemüse noch 4 Minuten rührend köcheln und die Flüssigkeit etwas einkochen lassen, dann servieren. Dazu passt Reis oder Glasnudeln.

Mediterranes Kartoffelgratin

Für 4 Portionen

800 g Kartoffeln

500 ml Kalbsfond

150 g geräucherte Putenbrust

150 g Tomaten

1/2 Bund Petersilie

50 g schwarze Oliven ohne Kern

2 Knoblauchzehen

Salz

Pfeffer aus der Mühle

1 Spritzer Zitronensaft

150 g Roquefort

50 ml Sahne

Zubereitungszeit: ca. 25 Minuten (plus Backzeit)
Pro Portion ca. 410 kcal/1730 KJ
23 g E, 21 g F, 32 g KH, 3 KE-BE

1 Die Kartoffeln waschen, schälen und in hauchdünne Scheiben schneiden. Anschließend in dem Kalbsfond ca. 6 Minuten garen.

2 Die Putenbrust in Streifen schneiden. Eine ofenfeste Form mit Butter ausstreichen. Den Backofen auf 180 °C vorheizen.

3 Die Kartoffeln abtropfen lassen und locker in die Form schichten. Die Putenbruststreifen darauf verteilen.

4 Die Tomaten waschen, trocknen und in Scheiben schneiden. Die Petersilie waschen, trockenschütteln und fein hacken. Die Oliven abtropfen lassen und in Scheiben schneiden. Den Knoblauch schälen und durchpressen. Die Zutaten miteinander vermengen. Mit Salz, Pfeffer und Zitronensaft würzen und über den Putenbruststreifen verteilen.

5 Den Roquefort mit einer Gabel zerdrücken und mit der Sahne verrühren. Die Käsemasse auf das Gratin streichen und alles im Backofen auf der mittleren Schiene etwa 30 Minuten backen.

Frühlingsgemüse-Gratin

1 Die Kartoffeln kochen, abgießen, abschrecken, pellen, in Spalten schneiden und mit Salz bestreuen.

2 Den Spargel schälen und die holzigen Enden abschneiden. Spargel in Stücke schneiden und in Salzwasser bissfest garen. Kohlrabi und Möhren schälen, Kohlrabi in Stücke, Möhren in Scheiben schneiden. Beides in Salzwasser bissfest garen. Zuckerschoten putzen und in Salzwasser blanchieren. Petersilie waschen, trockenschütteln und hacken.

3 Kartoffeln, Gemüse und Petersilie in eine gefettete Form geben und mit Brühe beträufeln. Den Käse in Stücken darüber verteilen. Den Zwieback fein zerbröseln und über das Gratin streuen. Das Gratin im vorgeheizten Backofen bei 200 °C ca. 30 Minuten überbacken.

Für 4 Portionen

500 g vorwiegend fest kochende Kartoffeln

Salz

250 g weißer Spargel

1 Kohlrabi

300 g Möhren

200 g Zuckerschoten

1 Bund Petersilie

6 El Gemüsebrühe

150 g Ziegencamembert

2 Zwieback

Zubereitungszeit: ca. 35 Minuten (plus Gar- und Backzeit)
Pro Portion ca. 290 kcal/1220 KJ
16 g E, 9 g F, 34 g KH, 3 KE-BE

Hähnchen in Ingwerwein

Für 4 Portionen

400 g Hähnchenbrustfilet

1 Stück frischer Ingwer (3 cm)

3 Knoblauchzehen

2 El Sesamöl

Salz

Pfeffer

Ingwer- und Korianderpulver

3 El Gewürz-Ketchup

40 ml trockener Sherry

20 ml Pflaumenschnaps

1/2 Bund Koriandergrün

Tabasco

Zubereitungszeit: ca. 20 Minuten
Pro Portion ca. 170 kcal/730 KJ
24 g E, 6 g F, 3 g KH, 0 KE-BE

1 Das Hähnchenbrustfilet waschen, trocknen und in Streifen schneiden. Den Ingwer schälen und fein reiben. Die Knoblauchzehen schälen und würfeln.

2 Das Öl im Wok erhitzen und die Fleischstreifen mit dem Ingwer und den Knoblauchwürfeln unter Rühren ca. 5–6 Minuten anbraten. Mit Salz, Pfeffer, Ingwer- und Korianderpulver würzen.

3 Ketchup, Sherry und Pflaumenschnaps in den Wok geben und weitere 3–5 Minuten bei milder Hitze garen. Den Koriander waschen, trocknen und die Blättchen abzupfen.

4 Das Hähnchen mit Tabasco verfeinern und mit Koriander garniert servieren.

Reisnudel-Pfanne

1 Den Fond erhitzen und die Reisnudeln darin ca. 10 Minuten ausquellen lassen. Den Tofu in Würfel schneiden. Die Chilischoten waschen, längs halbieren, entkernen und in Ringe schneiden. Das Öl erhitzen und den Tofu mit den Chilischoten darin andünsten.

2 Das Zitronengras waschen, trocknen und dazugeben. Den Ingwer schälen und reiben. Die Schalotten schälen, in Würfel schneiden und mit dem Ingwer zum Tofu geben. Die Limetten-blätter waschen, trocknen und fein hacken. Blätter, Tomatensaft, Fischsauce und Zitronensaft dazugeben.

3 Den Knoblauchschnittlauch waschen und trocknen. Die Reisnudeln mit dem Tofu mischen. Alles in Schälchen anrichten und mit Knoblauchschnittlauch garniert servieren.

Für 4 Portionen

400 ml Asiafond

300 g schmale Reisnudeln

500 g Tofu

3 rote Chilischoten

2 El Sesamöl

2 Stängel Zitronengras

1 frisches Stück Ingwer (1 cm)

8 Schalotten

3 Kaffir-Limettenblätter

3 El Tomatensaft

3 El Fischsauce

2 El Zitronensaft

Knoblauchschnittlauch zum Garnieren

Zubereitungszeit: ca. 35 Minuten
Pro Portion ca. 430 kcal/1810 KJ
20 g E, 11 g F, 61 g KH, 6 KE-BE

127

Bunte Gemüsespaghetti

Für 4 Portionen

2 Möhren

1 Zucchini

320 g Spaghetti

Salz

1 unbehandelte Zitrone

2 Knoblauchzehen

1/2 Bund Basilikum

1 reife Avocado

2 El Olivenöl

1 El Cognac

Pfeffer

150 g Joghurt (1,5 % Fett)

Zubereitungszeit: ca. 35 Minuten
Pro Portion ca. 510 kcal/2140 KJ
13 g E, 20 g F, 66 g KH, 6 KE-BE

1 Die Möhren waschen und schälen, Zucchini putzen, waschen und trocknen. Beides längs in Scheiben, dann in feine Streifen schneiden.

2 Die Nudeln in reichlich kochendem Salzwasser bissfest garen, anschließend abgießen und abtropfen lassen.

3 Die Zitrone mit heißem Wasser abspülen, trocknen und die Schale mit dem Zestenreißer dünn abhobeln. Den Knoblauch schälen und in feine Würfel schneiden. Basilikum putzen, waschen, trocknen und fein hacken. Die Avocado halbieren und den Stein entfernen. Danach das Fleisch herauslösen und mit einer Gabel zerdrücken.

4 Das Öl erhitzen und die Knoblauchwürfel darin anschwitzen. Die Möhrenstreifen und nach etwa 2 Minuten die Zucchinistreifen zugeben. Kurz dünsten, mit Cognac ablöschen und das Avocadofleisch zugeben. Mit Salz und Pfeffer abschmecken und mit Joghurt verfeinern. Die Nudeln unter die Gemüsesauce mengen und auf vorgewärmten Tellern anrichten. Mit Basilikum und Zitronenzesten garnieren und sofort servieren.

128

Tortellini-Auflauf mit Pilzen

1 Die Pilze putzen und feucht abreiben. Dann in dicke Schei-
en schneiden. Zwiebel und Knoblauch schälen und fein würfeln.

2 2 El Öl erhitzen, Zwiebel und Knoblauch darin glasig dünsten.
regano unterheben. Die Pilze hinzugeben und 3 Minuten unter
ühren weiterdünsten. Die Tomaten abtropfen lassen und den Sud
uffangen. Das Fruchtfleisch würfeln.

3 Die Pilze mit dem Mehl bestäuben, anschwitzen lassen und
nschließend mit dem Rotwein unter Rühren ablöschen. Die
omatenwürfel mit Sud hinzufügen und das Ganze mit Salz und
feffer abschmecken. Weitere 10 Minuten bei mittlerer Hitze
ochen.

4 Den Backofen auf 200 °C (Umluft 180 °C) vorheizen.
Die Nudeln in reichlich kochendem Salzwasser nach Packungsanweisung bissfest garen. Dann abgießen und abtropfen lassen.

5 Die Tortellini in eine feuerfeste Form geben. Die Pilzsauce
darunter mischen. Den Gouda reiben und auf dem Auflauf verteilen.
Den Auflauf auf mittlerer Schiene etwa 30 Minuten backen.

Für 4 Portionen

500 g Steinpilze

1 Zwiebel

2 Knoblauchzehen

2 El Olivenöl

2 Tl gerebelter Oregano

600 g geschälte Tomaten
aus der Dose

3 El Mehl

100 ml trockener Rotwein

Salz, Pfeffer

300 g Tortellini

80 g Gouda

*Zubereitungszeit: ca. 30 Minuten
(plus Garzeit)
Pro Portion ca. 420 kcal/1750 KJ
20 g E, 9 g F, 60 g KH, 6 KE-BE*

Linguine mit Sardinen

Für 4 Portionen

8 filetierte Sardinen

1 Fenchelknolle

2 Knoblauchzehen

1/2 rote Chilischote

2 El Olivenöl

350 g Linguine

Salz

abgeriebene Schale von
1 unbehandelten Zitrone

1 El Zitronensaft

2 El geröstete Pinienkerne

3 El frisch gehackte
Petersilie

Pfeffer

*Zubereitungszeit: ca. 30 Minuten
(plus Garzeit)
Pro Portion ca. 480 kcal/2020 KJ
25 g E, 11 g F, 69 g KH, 6,5 KE-BE*

1 Die Sardinenfilets waschen, trocknen und grob hacken. Den Fenchel putzen, waschen und in dünne Scheiben hobeln. Knoblauch schälen und in dünne Scheiben schneiden. Chilischote waschen, trocknen und fein würfeln.

2 Das Olivenöl erhitzen, Knoblauch und Chiliwürfel hinzufügen und dünsten. Anschließend den Fenchel zugeben, weitere 5 Minuten dünsten und dann die Sardinen untermischen. Weitere 4 Minuten garen.

3 Die Nudeln nach Packungsanweisung in reichlich Salzwasser bissfest garen. Abgießen und abtropfen lassen. Zitronenschale und -saft, Pinienkerne, Petersilie, Salz und Pfeffer unter die Sardinen mischen. Das Sardinen-Fenchel-Ragout unter die Nudeln mengen und sofort servieren.

Für 4 Portionen

1 rote und 1 gelbe Paprika

150 g Möhren

300 g Brokkoli

1 Bund glatte Petersilie

1 Bund Basilikum

10 Sauerampferblätter

1 Bund Frühlingszwiebeln

200 g Spaghetti

Salz

3 El Olivenöl

3 El Zitronensaft

Pfeffer

Zubereitungszeit: ca. 45 Minuten
Pro Portion ca. 330 kcal/1420 KJ
10 g E, 9 g F, 52 g KH, 5 KE-BE

Spaghetti primavera

1 Die Paprikaschoten vierteln, entkernen, waschen, trocknen und unter dem vorgeheizten Backofengrill mit der Hautseite nach oben rösten, bis die Haut schwarz wird und Blasen wirft. In einer mit einem feuchten Tuch abgedeckten Schüssel 10 Minuten ausdämpfen lassen. Anschließend häuten und in feine Streifen schneiden.

2 Die Möhren schälen und in sehr dünne Scheiben schneiden. Den Brokkoli in sehr kleine Röschen zerteilen. Petersilie und Basilikum waschen, trockenschütteln und die Blättchen abzupfen. Kräuter und Sauerampfer grob hacken. Frühlingszwiebeln putzen und in feine Scheiben schneiden.

3 Die Spaghetti nach Packungsanweisung in reichlich Salzwasser bissfest garen, in den letzten 4 Minuten Möhren und Brokkoli mitkochen. Abgießen und in einer Schüssel mit Öl, Zitronensaft, Paprika, Frühlingszwiebeln und Kräutern mischen. Mit Salz und Pfeffer würzen, nach Belieben heiß oder kalt servieren.

Für 4 Portionen

2 Fenchelknollen mit Kraut

1 Zwiebel

2 El Olivenöl

Salz

Pfeffer

60 g schwarze Oliven
ohne Stein

1/2 Bund Koriander

4 Schellfischfilets (à 150 g)

Zubereitungszeit: ca. 30 Minuten
(plus Schmor- und Garzeit)
Pro Portion ca. 240 kcal/1020 KJ
29 g E, 12 g F, 5 g KH, 0,5 KE-BE

Schellfisch mit Fenchel

1 Das Fenchelkraut abschneiden und so viel hacken, dass es 3 El ergibt. Die Knollen längs halbieren und das harte Mittelstück herausschneiden. Die Fenchelknollen in etwa 0,5 cm dicke Stifte schneiden. Die Zwiebel schälen und in Würfel schneiden.

2 Das Öl in einer Pfanne erhitzen und Fenchel mit Zwiebeln darin andünsten. Abgedeckt etwa 20 Minuten bei geringer Temperatur dünsten, bis der Fenchel sehr weich ist. Mit Salz und Pfeffer würzen. Die Oliven in Scheiben schneiden, den Koriander hacken. Beides (vom Koriander nur die Hälfte) mit dem Fenchelkraut in die Pfanne geben und kurz mitschmoren.

3 Den Backofen auf 180 °C (Umluft 160 °C) vorheizen. Fenchelmasse in eine gefettete Auflaufform geben. Fischfilets von noch vorhandenen Gräten befreien und halbieren. Auf den Fenchel legen und mit dem restlichen Öl einstreichen. Im Ofen etwa 30 Minuten backen, bis der Fisch gar ist. Mit restlichem Koriander bestreut servieren.

Penne mit Scampi

1   Die Scampi oder Garnelen gründlich waschen, vorsichtig aus
en Schalen lösen und den Darm entfernen. Die ausgelösten
chalen mit den Gewürzen, dem geputzten, klein geschnittenen
emüse und 1 Prise Salz vermischen, mit Wasser bedecken und
5 Minuten kochen lassen. Die Brühe durch ein feines Sieb geben.

2   Die Brühe erneut zum Kochen bringen und das Rotbarbenfilet
it der Petersilie darin 3 Minuten ziehen lassen. Petersilienstängel
ntfernen, Brühe und Fisch im Mixer pürieren. Die Scampi in Stücke
chneiden.

3   Das Öl in einer großen Pfanne erhitzen, die Knoblauchzehe
chälen und fein hacken. Anschließend hellgelb braten, die ge-
ackte Petersilie und die Scampi hinzufügen und kurz durchrösten.
alzen und pfeffern.

4   Die Nudeln nach Packungsanweisung in reichlich Salzwasser
bissfest garen. Anschließend abgießen und abtropfen lassen. Etwas
Nudelwasser auffangen.

5   Die Penne in die Pfanne mit den Scampi geben. Das Fisch-
püree hinzufügen und, wenn nötig, mit etwas Nudelkochwasser
geschmeidig machen. Bei leichter Hize alles gründlich miteinander
vermischen. Zuletzt den fein geschnittenen Sauerampfer und die
Butter in Flöckchen mit dem Pastagericht vermischen. Sofort
servieren.

Für 4 Portionen

**16 frische Scampi oder
Garnelen in der Schale**

1 Möhre

1 Selleriestange

1 kleine Zwiebel

Salz

100 g Rotbarbenfilet

2 Stängel Petersilie

1 El Olivenöl

1 Knoblauchzehe

2 El gehackte Petersilie

weißer Pfeffer

320 g Penne

**2 große Blätter
Sauerampfer**

30 g Butter

*Zubereitungszeit: ca. 40 Minuten
Pro Portion ca. 490 kcal/2090 KJ
35 g E, 12 g F, 63 g KH, 6 KE-BE*

133

Gegrillter Thunfisch mit Grilltomaten

Für 4 Portionen

4 Thunfischsteaks (à 150 g)

Salz

Pfeffer

1 El Öl

8 Tomaten

1 El italienische Kräutermischung

Zubereitungszeit: ca. 20 Minuten (plus Grillzeit)
Pro Portion ca. 390 kcal/1630 KJ
35 g E, 26 g F, 4 g KH, 0 KE-BE

1 Die Fischsteaks abtupfen und mit Salz und Pfeffer würzen. Mit dem Öl einpinseln und auf dem heißen Grill von jeder Seite etwa 5 Minuten grillen, sodass sie innen noch ein bisschen roh sind.

2 Die Tomaten waschen und längs halbieren. Mit italienischer Kräutermischung und Salz würzen. Die gewürzten Tomaten etwa 10 Minuten auf den Grill legen und garen.

Lachs im Zucchinibett

1 Backofen auf 160 °C (Umluft 140 °C) vorheizen. Lachsfilet in 4 Stücke schneiden und mit Zitronensaft beträufeln. Anschließend salzen und pfeffern.

2 Olivenöl und Butter in einer Pfanne erhitzen, die Lachsstücke darin kurz braten. Dann in einen Bräter geben. Pfefferkörner mit einem Messer zerdrücken und auf die Lachsstücke legen. Im Ofen etwa 8 Minuten garen.

3 Zucchini putzen und in dünne Streifen schneiden. Restliche Butter erhitzen und Zucchinistreifen darin etwa 3 Minuten bissfest dünsten. Anschließend würzen. Auf Teller verteilen und zusammen mit dem Lachs anrichten.

Für 4 Portionen

600 g Lachsfilet

2 El Zitronensaft

Salz

Pfeffer

1 El Olivenöl

4 El Butter

2 El Pfefferkörner

4 Zucchini

Zubereitungszeit: ca. 25 Minuten (plus Brat- und Backzeit)
Pro Portion ca. 270 kcal/1130 KJ
30 g E, 15 g F, 3 g KH, 0 KE-BE

Forelle mit Spinat

Für 4 Portionen

4 küchenfertige Forellen

Salz

2 El Zitronensaft

100 g Schalotten

2 El Butter

250 g TK-Spinat

250 g frischer Bärlauch

1 Ei

2 El Sahne

2 El frisch geriebener Parmesan

2 El Paniermehl

Kräutersalz

Pfeffer

Zubereitungszeit: 30 Minuten (plus Garzeit)
Pro Portion ca. 400 kcal/1680 KJ
50 g E, 18 g F, 6 g KH, 0,5 KE-BE

1 Forellen innen und außen salzen und mit Zitronensaft beträufeln. Schalotten schälen und fein hacken. Butter in einer Pfanne erhitzen und Schalotten darin andünsten.

2 Spinat auftauen lassen, Bärlauch verlesen, waschen und klein schneiden. Spinat und Bärlauch zu den Schalotten geben und mitdünsten, bis die Flüssigkeit verdampft ist. Die Pfanne von der Kochstelle nehmen.

3 Das Ei hart kochen, abschrecken, schälen und klein schneiden. Mit Sahne, Parmesan, Paniermehl und den Gewürzen vermischen. Anschließend zu dem Spinat geben. Den Backofen auf 200 °C (Umluft 180 °C) vorheizen.

4 Die Forellen in einen gefetteten Bräter legen. Die Spinatmischung dazugeben und im Ofen etwa 35 Minuten backen. Als Beilage Petersilienkartoffeln reichen.

Karpfen mit Petersilie

1   Die Karpfenfilets mit Zitronensaft beträufeln und mit Salz und Pfeffer würzen.

2   Die Butter und das Öl in einer Pfanne erhitzen. Die Karpfenfilets darin von beiden Seiten etwa 10 Minuten braten.

3   Die Petersilie waschen und trockenschütteln. Anschließend fein hacken. Die Zitrone heiß waschen und vierteln.

4   Die fertig gebratenen Karpfen und auf einer vorgewärmten Platte anrichten. Mit Petersilie bestreuen und mit Zitronenvierteln dekorieren. Dazu Kartoffelbrei und grünen Salat reichen.

Für 4 Portionen

4 küchenfertige Karpfenfilets (à 150 g)

2 El Zitronensaft

Salz

Pfeffer

2 El Butter

2 El Rapsöl

1 Bund Petersilie

1 Zitrone

Zubereitungszeit: 20 Minuten (plus Bratzeit)
Pro Portion ca. 210 kcal/870 KJ
26 g E, 10 g F, 2 g KH, 0 KE-BE

Desserts und Kuchen

Diabetiker müssen auf Desserts und Kuchen nicht verzichten. Zuckeraustauschstoffe sind out, aber Süßstoff ist nach wie vor in. So beinhalten unsere Rezepte etwas Zucker und ein wenig Süßstoff. Das bringt vollen Geschmack bei weniger Kalorien. Viel Spaß beim Naschen!

Für 4 Portionen

4 Blutorangen

40 g Puderzucker

4 El Blatt weiße Gelatine

200 g Joghurt (1,5 % Fett)

40 g weiße Kuvertüre

200 ml Sojacreme

einige Tropfen flüssiger Süßstoff

2 El Arrak

40 g frisch gemahlener Mohn

Zubereitungszeit: ca. 20 Minuten (plus Kühlzeit)
Pro Portion ca. 310 kcal/1300 KJ
8 g E, 15 g F, 31 g KH, 3 KE-BE

Terrine von Blutorangen mit Mohnsauce

1 Orangen schälen, weiße Haut entfernen und Filets herausschneiden. Orangenreste auspressen, Saft mit Puderzucker in einen Topf geben und auf dem Herd um die Hälfte einreduzieren. Anschließend nicht mehr kochen. Gelatine einweichen und im Saft auflösen.

2 Joghurt unter die etwas abgekühlte Masse rühren, Filets unterheben.

3 Fruchtmasse in 4 Förmchen füllen und kalt stellen.

4 Die Kuvertüre auflösen, mit Sojacreme, Süßstoff und Arrak schaumig mixen und den Mohn unterheben.

5 Die Terrinen stürzen und mit der Mohnsauce anrichten.

140

Birnen in Rotwein

1 Die Birnen schälen, die Stiele dranlassen. Die Früchte nebeneinander in einen Topf stellen, den Wein mit 100 ml Wasser mischen und darüber gießen.

2 Süßstoff, Zimtstange und Zitronenschale dazugeben. Die Birnen im abgedeckten Topf so lange dünsten, bis sie weich sind.

3 Die Birnen aus dem Topf nehmen und in eine Schüssel setzen. Zimtstange und Zitronenschale aus der Flüssigkeit nehmen und diese so lange kochen, bis sie dickflüssig ist. Den Sirup über die Birnen gießen und kalt servieren. Dazu passt geschlagene Sahne.

Für 4 Portionen

4 große, feste Birnen

250 ml Rotwein

ca. 1 Tl flüssiger Süßstoff

1 Zimtstange

Schale von 1 unbehandelten Zitrone

Zubereitungszeit: 20 Minuten (plus Garzeit)
Pro Portion ca. 140 kcal/590 KJ
1 g E, 0 g F, 24 g KH, 2 KE-BE

Rote Grütze

Für 4 Portionen

je 125 g Himbeeren, Erdbeeren, rote Johannis- beeren und Kirschen

60 g Zucker

flüssiger Süßstoff

40 g Speisestärke

Minzeblättchen zum Dekorieren

Zubereitungszeit: 30 Minuten (plus Koch- und Kühlzeit)
Pro Portion ca. 150 kcal/630 KJ
1 g E, 0 g F, 33 g KH, 3 KE-BE

1 Die Himbeeren und Erdbeeren verlesen, putzen und waschen, Johannisbeeren von den Rispen zupfen und ebenfalls waschen. Kirschen waschen und entsteinen. Früchte abtropfen lassen.

2 In einem Topf die Früchte mit etwa 1/2 l Wasser und dem Zucker und Süßstoff zum Kochen bringen und 2 Minuten köcheln.

3 Früchte abgießen, den Saft auffangen und in einem Topf erneut aufkochen. Die Speisestärke mit etwas Wasser anrühren und den Fruchtsaft damit andicken. Früchte unterheben und die Grütze bis zum Servieren kalt stellen. Mit Minzeblättchen dekorieren.

Kirschkaltschale

1 Den Kefir mit dem Zucker und etwas Süßstoff, dem Zimt und den Nüssen verrühren. Gut durchkühlen lassen.

2 Die Sauerkirschen auf 4 Suppenteller verteilen.

3 Den Kefir darüber gießen und die Kirschkaltschale gut gekühlt servieren.

Für 4 Portionen

1 l Kefir (0,1 % Fett)

30 g Zucker

flüssiger Süßstoff

1 Tl gemahlener Zimt

50 g gehackte Haselnüsse

200 g entsteinte Sauerkirschen aus dem Glas

Zubereitungszeit: ca. 5 Minuten
Pro Portion ca. 250 kcal/1050 KJ
10 g E, 8 g F, 29 g KH, 3 KE-BE

143

Für 6 Portionen

1 Ananas

3 El Honig

100 g gemahlene Mandeln

2 Eier

5 El Zucker

1/2 Tl gemahlenen Ingwer

125 ml Sojacreme

1 Päckchen Vanillezucker

einige Minzeblättchen

Zubereitungszeit: 20 Minuten
(plus Zeit zum Gefrieren)
Pro Portion ca. 300 kcal/1270 KJ
7 g E, 15 g F, 33 g KH, 3 KE-BE

Ananassorbet mit Ingwer

1 Die Ananas schälen, vom harten Strunk befreien und pürieren oder durch den Fleischwolf drehen. Das Püree mit Honig und Mandeln verrühren, in eine Metallschüssel geben und im Tiefkühler fest werden lassen. Mehrfach umrühren.

2 Die Eier trennen, Eiweiß sehr steif schlagen. Zucker mit Ingwer mischen und unter den Eischnee heben. Das Ananassorbet mit der Eimasse vermengen und erneut in den Tiefkühler stellen. Unter mehrmaligem Umrühren gefrieren lassen.

3 Die Sojacreme mit dem Vanillezucker verrühren. Das Ananassorbet mit Vanillecreme und Minzeblättchen garniert servieren.

Melonensorbet

1 Die Melonen halbieren und die Kerne entfernen. Dann das Fruchtfleisch herauslösen, klein schneiden und im Mixer oder mit dem Pürierstab pürieren.

2 Den Zucker und 10 cl Wasser in einen Topf geben und unter Rühren aufkochen lassen, bis sich der Zucker aufgelöst hat.

3 Dann die Hitze herunterschalten und den Zuckersirup noch ca. 1 Minute kochen lassen. Den Topf vom Herd nehmen und den Zuckersirup abkühlen lassen.

4 Melonenpüree mit dem Limettensaft und dem Zuckersirup verrühren. Die Mischung in einen Tiefkühlbehälter geben und gefrieren lassen. Das Sorbet von Zeit zu Zeit umrühren und von den Rändern lösen.

5 Das Sorbet vor dem Servieren mit einer Gabel durchrühren, damit es leicht cremig wird. Dann den Cointreau unterrühren.

6 Das Melonensorbet portionsweise in Glasschalen oder den gekühlten Melonenhälften anrichten und sofort servieren.

Für 6 Portionen

1 mittelgroße Cantaloupe-Melonen

60 g Zucker

2 El Limettensaft

4 El Cointreau

Zubereitungszeit: ca. 15 Minuten (plus Kühlzeit)
ca. 100 kcal/420 KJ
1 g E, 0 g F, 20 g KH, 2 KE-BE

Götterspeise mit Ananasstückchen

Für 4 Portionen

1 Päckchen Götterspeise

etwas flüssiger Süßstoff

**175 g ungesüßte
Ananasstücke (Dose)**

*Zubereitungszeit: ca. 20 Minuten
(plus Koch- und Kühlzeit)
Pro Portion ca. 40 kcal/160 KJ
2 g E, 0 g F, 6 g KH, 0,5 KE-BE*

1 Die Ananasstücke im Mixer zerhacken und die Flüssigkeit abgießen, ebenfalls etwas abtupfen. Die Götterspeise mit etwas weniger Flüssigkeit, als auf der Verpackung angegeben, kochen. Mit Süßstoff süßen.

2 Das Ananaspüree unter die Götterspeise heben und in 4 kleine Puddingformen füllen. Kühl stellen.

3 Wenn die Masse schon etwas erkaltet ist, alles nochmals umrühren, damit das Ananaspüree nicht am Boden klebt. Die Götterspeise stürzen und mit Vanillesauce servieren.

Bratäpfel

1 Äpfel waschen und das Kerngehäuse mit einem Apfelaus-cher ausstechen.

2 Die Rosinen in Orangensaft kurz einweichen, dann abtropfen sen.

3 Die Nüsse mit Zimt, dem Honig und den Rosinen mischen. ckofen auf 180 °C vorheizen.

4 Eine flache Auflaufform mit Butter ausfetten. Die Äpfel in die rm setzen und mit der Nuss-Rosinen-Mischung füllen.

5 Im Backofen ca. 30 Minuten backen. Dazu nach Belieben eine Vanillesauce reichen.

Tipp:

Äpfel gehören bei uns zu den meistverzehrten Obstsorten. Die Beliebtheit resultiert sicherlich aus der großen geschmacklichen Vielfalt. Eine wichtige inländische Sorte ist der Boskop mit einem besonders hohen Gehalt an Vitamin C.

Für 4 Portionen

4 mittelgroße Äpfel (am besten Boskop)

2 El Rosinen

3 El Orangensaft

2 El grob gehackte Haselnüsse

1 Prise Zimt

2 El Honig

Butter für die Form

Zubereitungszeit: ca. 10 Minuten (plus Garzeit)
Pro Portion ca. 150 kcal/630 KJ
1 g E, 4 g F, 26 g KH, 2 KE-BE

Für 30 Stück

500 g Mehl Type 550

30 g Hefe

250 ml Milch (1,5 % Fett)

2 El Zucker

2 Eier

100 g Butter

1 Prise Salz

200 g Pflaumenmus

etwas Butter

Puderzucker zum
Bestäuben

Fett für das Blech

*Zubereitungszeit 40 Minuten
(plus Ruhe- und Backzeit)
Pro Stück ca. 110 kcal/450 KJ
3 g E, 4 g F, 16 g KH, 1,5 KE-BE*

Hefebuchteln
mit Pflaumenmus

1   Das Mehl in eine tiefe Schüssel sieben, in die Mitte eine
Vertiefung drücken und die Hefe hineinbröckeln. Die Milch
erwärmen. 1 Tl Zucker und 100 ml Milch zur Hefe geben. Mit
etwas Mehl vom Rand verrühren und gut abgedeckt an einem
warmen Ort etwa 20 Minuten gehen lassen.

2   Die restliche Milch, die Eier, die weiche Butter sowie
restlichen Zucker und Salz dazugeben und den Teig so lange
schlagen, bis er Blasen wirft und sich vom Schüsselrand löst.
Den fertigen Teig nochmals abgedeckt an einem warmen Ort
etwa 60 Minuten gehen lassen.

3   Den Backofen auf 180 °C (Umluft 160 °C) vorheizen. Den
Teig knapp fingerdick ausrollen und etwa handtellergroße Stücke
ausschneiden. In die Mitte dieser Teigstücke 1–2 Tl Pflaumenmus
geben, die Teigränder vorsichtig über der Masse zusammennehmen
und leicht zusammendrücken.

4   Die Buchteln auf eine gefettetes Backblech setzen, mit
flüssiger Butter bepinseln und 30–45 Minuten gelbbraun backen.
Danach mit Puderzucker bestäuben.

Piña-Colada-Muffins

Zutaten für 12 Stück

12 Papier-Backförmchen

90 g Vollkornmehl

100 g Weizenmehl Typ 405

1 Tl Backpulver

1/2 Tl Natron

50 g Kokosflocken

300 g ungesüßte Ananas (aus der Dose)

1 Ei

80 g brauner Zucker

etwas flüssiger Süßstoff

80 ml Sonnenblumenöl

250 g Naturjoghurt

1 Rum-Backaroma

Zubereitungszeit: ca. 40 Minuten
Pro Stück ca. 200 kcal/820 KJ
3 g E, 10 g F, 22 g KH, 2 KE-BE

1 Den Backofen auf 180 °C vorheizen. Die Papierförmchen in das Muffin-Blech setzen. Mehl, Backpulver, Natron und Kokosflocken gut mischen.

2 Die Ananas in ein Sieb gießen, abtropfen lassen, 250 g in kleine Würfel und 50 g in 12 gleich große Stücke schneiden. Das Ei aufschlagen und verquirlen. Den Zucker, den Süßstoff, das Öl, den Joghurt, das Backaroma und 250 g Ananaswürfel hinzufügen. Die Mehlmischung zugeben und so lange rühren, bis die trockenen Zutaten feucht sind.

3 Den Teig gleichmäßig in die Papierförmchen verteilen und auf der mittleren Einschubleiste 20–25 Minuten backen. Herausnehmen und im Blech 5 Minuten ruhen lassen.

4 Die Muffins mit Ananas und Kokosraspeln garniert servieren.

Zutaten für 12 Stück

2 kleine Äpfel

120 g Zucker

1/2 Tl flüssiger Süßstoff

2 Tl Zimt

280 g Mehl Type 550

1 1/2 Tl Natron

1 Prise Salz

100 g Butter

1 Ei

250 g Buttermilch

1 P. Vanillinzucker

Zubereitungszeit: ca. 25 Minuten
Pro Stück ca. 210 kcal/880 KJ
3 g E, 8 g F, 31 g KH, 3 KE-BE

151

Buttermilch-Apfel-Muffins

1 Die Äpfel schälen, das Kerngehäuse entfernen, die Äpfel klein schneiden. Mit 2 El Zucker und 1 Tl Zimt bestreuen.

2 Das Mehl mit 80 g Zucker, Süßstoff, Natron, Salz, weicher Butter, Ei, Buttermilch und Vanillinzucker miteinander verrühren. Mit der Apfelmischung zu einem glatten Teig verarbeiten.

3 Den Backofen auf 200 °C (Umluft 180 °C) vorheizen. Das Muffin-Blech mit den Papierförmchen auskleiden.

4 Den Teig in die Förmchen füllen. Restlichen Zucker mit Zimt darüber streuen und die Muffins im Ofen etwa 18 Minuten backen.

5 Die Muffins aus dem Ofen ho en und noch etwa 5 Minuten in der Form ruhen lassen. Herausnehmen und servieren.

Für 18 Stücke

250 g Mehl Type 550

1/2 Päckchen Hefe

100 ml Milch (1,5 % Fett)

abgeriebene Schale von 1/2 Zitrone

1 El Zucker

400 g Magerquark

2 Eier

1 El Vanillinzucker

1 El flüssiger Süßstoff

1 Tl abgeriebene Zitronenschale

20 g Mandelstifte

40 g Haselnussblättchen

Zubereitungszeit: 50 Minuten (plus Ruhezeit)
Pro Stück ca. 100 kcal/430 KJ
6 g E, 3 g F, 12 g KH, 1 KE-BE

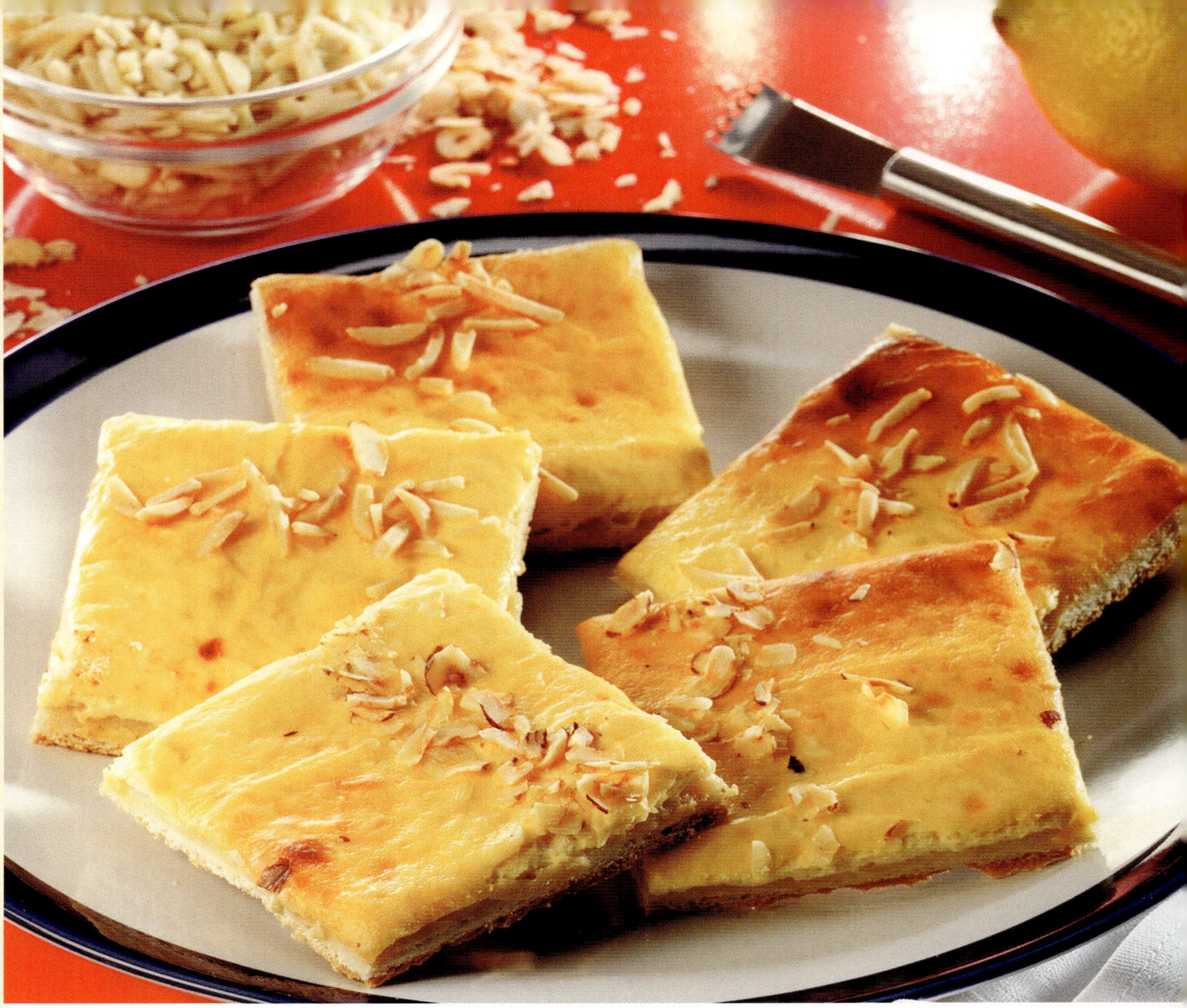

Käsekuchen vom Blech

1 Mehl in eine Schüssel sieben und eine Vertiefung eindrücken. Hefe in 1 El lauwarmem Wasser auflösen, in die Kuhle gießen, mit ein wenig Mehl vom Rand bestäuben, zudecken und ca. 20 Minuten gehen lassen.

2 Milch, Zitronenschale und Zucker unterarbeiten und alles zu einem geschmeidigen Teig kneten. Weitere 20 Minuten gehen lassen. Wieder durchkneten. Den Hefeteig zu einer dünnen Platte ausrollen, auf ein mit Backpapier ausgelegtes Backblech legen und zugedeckt ruhen lassen. Den Backofen auf 175 °C vorheizen.

3 Den Quark mit Eigelb, Zucker, Süßstoff und Zitronenschale cremig rühren. Eiweiß zu steifem Schnee schlagen und vorsichtig unter den Quark heben. Die Masse schnell auf der Teigplatte verteilen und glatt streichen.

4 Mit Mandeln und Haselnüssen Streifen aufstreuen. Das Blech auf der mittleren Einschubleiste bei 175 °C 20 Minuten backen. Die Temperatur auf 200 °C erhöhen und 15 Minuten bräunen. Herausnehmen, abkühlen lassen und lauwarm servieren.

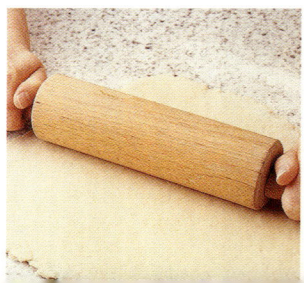

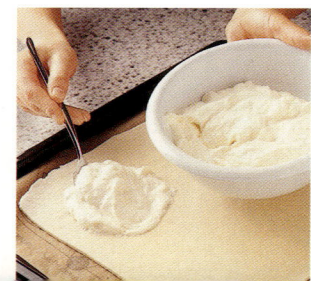

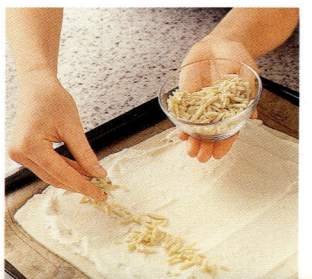

Zimtstreuselkuchen

1 Die Hefe zerbröckeln, mit 1 Tl Zucker und etwas Milch verrühren und ca. 15 Minuten gehen lassen.

2 250 g Mehl mit der Hefemischung, der restlichen Milch, 5 g Butter, 75 g Zucker und dem Salz mischen. Den Teig gut durchkneten und ca. 45 Minuten gehen lassen.

3 Die Eier trennen. Den Quark mit Süßstoff, den Eigelben und der Speisestärke mischen. Das Eiweiß steif schlagen und zusammen mit den Korinthen unter die Quarkmasse heben.

4 Den Backofen auf 200 °C vorheizen. Den Teig nochmals durchkneten, auf einer bemehlten Arbeitsfläche in Backblechgröße ausrollen und auf ein mit Backpapier ausgelegtes Backblech legen.

5 Die Quarkmasse darauf streichen. Das restliche Mehl mit den Nüssen, dem restlichen Zucker und der restlichen Butter vermengen und zu Streuseln zerbröseln. Das Ganze auf den Kuchen streuen und ca. 35 Minuten auf der mittleren Einschubleiste backen. Vor dem Servieren mit Zimt-Zucker bestreuen.

Für 20 Stücke

Für den Teig

20 g Hefe, 175 g Zucker

250 ml Milch (1,5 % Fett)

500 g Mehl

225 g weiche Butter

1 Prise Salz

Für den Belag

2 Eier

500 g Magerquark

1 Tl flüssiger Süßstoff

25 g Speisestärke

100 g Korinthen

50 g gemahlene Nüsse

Zimt-Zucker zum Bestreuen

Zubereitungszeit: ca. 1 Stunde (plus Ruhezeit)
Pro Stück ca. 270 kcal/1140 KJ
7 g E, 12 g F, 32 g KH, 3 KE-BE

153

Für 12 Stücke

1 Tl Stärke

200 ml Milch

flüssiger Süßstoff

3 Blatt weiße Gelatine

1 Ei, 1 Eigelb

100 ml Sahne

1 Biskuitboden (FP)

2 Kiwis

2 Mangos

2 Feigen

150 g blaue Weintrauben

1 Päckchen klarer Tortenguss

1 Physalis

Zubereitungszeit: ca. 20 Minuten (plus Zeit zum Kühlen)
Pro Stück ca. 120 kcal/500 KJ
2 g E, 3 g F, 20 g KH, 2 KE-BE

Tropische Fruchttorte

1 Die Stärke mit 3 El Milch glatt rühren. Die restliche Milch aufkochen, Stärke einrühren, mit Süßstoff süßen und abkühlen lassen.

2 Die Gelatine in kaltem Wasser einweichen. Das Ei und das Eigelb in die Milch einrühren. Das Ganze in einem Topf langsam erwärmen. Kurz vor dem Kochen das Ganze vom Herd nehmen, noch 2–3 Minuten weiterrühren. Die Gelatine ausdrücken und in der Masse auflösen.

3 Die Masse in ein kaltes Wasserbad stellen und so lange rühren, bis sie fest ist. Die Sahne steif schlagen und unter die Creme rühren. Die Masse auf dem Boden verteilen.

4 Die Kiwis schälen und in Scheiben schneiden. Die Mangos schälen, halbieren, den Kern entfernen und das Fruchtfleisch in Spalten schneiden. Die Feigen waschen und in Spalten schneiden. Die Weintrauben waschen und trocknen.

5 Das Obst auf der Karamellcreme verteilen. Den Tortenguss nach Packungsanleitung zubereiten und über die Früchte gießen. Mit der Physalis garnieren und kalt stellen.

154

Rotweinschnitten

1   Die Eier trennen. Die Eigelbe mit 2 El heißem Wasser und 1 Tl Zucker sehr schaumig rühren. Eiweiß steif schlagen, auf die Eigelbcreme geben. Mehl mit Speisestärke und Backpulver darüber sieben. Alles locker unterheben. Den Backofen auf 200 °C vorheizen.

2   Knapp die Hälfte eines Backbleches mit Backpapier auslegen, Papier zur offenen Seite nach oben knicken. Teig darauf geben und glatt streichen. Im Backofen auf der mittleren Schiene etwa 12 Minuten backen.

3   Anschließend auf ein Handtuch stürzen und das Papier abziehen. Die Platte auskühlen lassen.

4   Gelatine in 5 El kaltem Wasser 10 Minuten quellen lassen. Eier trennen. Eigelbe schaumig rühren. Rotwein und Traubensaft zugeben.

5   Gequollene Gelatine erwärmen, bis sie gelöst ist und dann unter die Rotweinmasse rühren. Geliert die Masse, das Eiweiß sehr steif schlagen und unterheben. Die Creme auf die Gebäckplatte streichen. Kühl stellen.

6   Die Weintrauben waschen, halbieren und auf die gelierte Creme verteilen. Vor dem Servieren in zwölf Schnitten schneiden und mit Zitronenmelisse garnieren.

Für 12 Stücke

Für den Teig

2 Eier

2 Tl Zucker

50 g Mehl

25 g Speisestärke

1 Tl Backpulver

Für den Belag

1 Päckchen gemahlene weiße Gelatine

2 Eier

150 ml trockener Rotwein

100 ml Traubensaft

100 g Weintrauben

Zitronenmelisse zum Garnieren

Zubereitungszeit: 50 Minuten
Pro Stück ca. 80 kcal/210 KJ
4 g E, 2 g F, 10 g KH, 1 KE-BE

Schwäbischer Apfelkuchen

Für 1 Springform

600 g Äpfel

1 El Zitronensaft

5 Eier

120 g Zucker

1 Tl flüssiger Süßstoff

125 g Butter

250 g Mehl

1/2 P. Backpulver

1 Prise Salz

4–5 El Quittengelee oder Aprikosenkonfitüre

Zubereitungszeit: 30 Minuten (plus Backzeit)
Pro Stück ca. 260 kcal/1090 KJ
6 g E, 12 g F, 33 g KH, 3 KE-BE

1 Den Backofen auf 200 °C vorheizen. Die Äpfel schälen, halbieren und die Kerngehäuse entfernen. Die Apfelhälften mit einem Messer mehrmals längs einschneiden und mit dem Zitronensaft beträufeln.

2 Die Eier mit dem Zucker und Süßstoff schaumig rühren, die Butter darunter rühren. Das Mehl mit dem Backpulver und dem Salz vermischen, ebenfalls unterrühren. Eine Springform gut mit Butter einfetten.

3 Den Teig hineinfüllen, die Apfelhälften mit der eingeschnittenen Seite nach oben gleichmäßig darauf verteilen und leicht hineindrücken.

4 Den Kuchen im vorgeheizten Backofen bei 200 °C etwa 50 Minuten backen anschließend mit Gelee oder Konfitüre bestreichen.

Zwetschgendatschi

1   Hefe mit lauwarmer Milch und 1 Prise Zucker verrühren und beiseite stellen. Das Mehl mit der Hälfte des Zuckers, der weichen Butter, dem Ei, der Zitronenschale und dem Salz in eine Schüssel geben. Hefemilch hinzugeben und alles zu einem geschmeidigen Teig verkneten. Teig so lange kneten, bis er sich vom Rand löst. Etwas Mehl darüber stäuben und den Hefeteig zugedeckt etwa 1 Stunde an einem warmen Ort gehen lassen.

2   Zwetschgen waschen und einzeln mit einem Tuch trockenreiben. Halbieren, entsteinen und noch einmal jede Zwetschgenhälfte bis zur Hälfte einschneiden.

3   Den gut gegangenen Teig einmal durchkneten und auf einer mit Mehl bestäubten Arbeitsfläche in der Größe eines Backblechs ausrollen. Auf ein gefettetes Backblech des Backofens legen und mit den Haselnüssen oder Mandeln bestreuen. Zwetschgen dicht an dicht dachziegelartig auf den Teig setzen. Den Teig noch einmal 20 Minuten gehen lassen. Den Backofen auf 225 °C vorheizen.

4   Nachdem der Teig noch einmal gegangen ist, den Kuchen im vorgeheizten Backofen bei 200 °C etwa 20–25 Minuten backen lassen.

5   Den Kuchen herausnehmen und in Stücke zerteilen und auf einem Rost abkühlen lassen. Eventuell mit 2–3 El Streusüße nachsüßen.

Für 20 Stücke

20 g Hefe

125 ml lauwarme Milch

40 g Zucker

250 g Mehl

100 g Butter

1 Ei

**abgeriebene Schale
von 1 Zitrone**

1 Prise Salz

1 kg Zwetschgen

Mehl zum Ausrollen

Fett für das Blech

**2 El geriebene Haselnüsse
oder Mandeln**

*Zubereitungszeit: 55 Minuten
(plus Zeit zum Gehen)
Pro Stück ca. 120 kcal/520 KJ
5 g E, 6 g F, 16 g KH, 1,5 KE-BE*

157

Für 20 Stücke

225 g Butter

150 g Zucker

1 Tl flüssiger Süßstoff

3 Eier

400 g Mehl

1 Tl Backpulver

1 kg Äpfel

1 P. Vanillezucker

1 Tl Zimt

Fett für die Form

*Zubereitungszeit: 30 Minuten
(plus Ruhe-, Koch- und Backzeit)
Pro Stück ca. 370 kcal/1550 KJ
6 g E, 18 g F, 46 g KH, 4 KE-BE*

Apfelkuchen

1 125 g Butter mit 50 g Zucker und dem Süßstoff in einer Schüssel schaumig rühren, die Eier und 250 g mit Backpulver gemischtes Mehl untermischen. Daraus einen festen Mürbeteig bereiten. Den Teig ausrollen und in eine gefettete Springform legen.

2 Die Äpfel schälen, vom Kerngehäuse befreien und das Fruchtfleisch in Stücke schneiden. Mit wenig Wasser zu einem Apfelkompott aufkochen. Einige Apfelstücke sollten noch erhalten bleiben. Das fertige Kompott gleichmäßig auf dem Teigboden verteilen. Den Backofen auf 160 °C (Umluft 140 °C) vorheizen.

3 Restliches Mehl, Zucker, Vanillezucker, Butter und Zimt in einer Schüssel vermischen und daraus Streusel kneten. Diese gleichmäßig über dem Apfelkompott verteilen. Den Kuchen etwa 45 Minuten backen.

Saftiger Blaubeerkuchen

1 Den Blätterteig nach Packungsanweisung auftauen lassen
⌐d auf einer bemehlten Arbeitsfläche auf Größe des Backbleches
⌐srollen. Ein Backblech mit Backpapier auslegen und den Teig
⌐rauf legen. Den Backofen auf 220 °C vorheizen.

2 Die Blaubeeren waschen und trocknen. Die Hälfte der Blau-
⌐eeren mit Creme de Cassis und Zitronensaft in einen Topf geben.
⌐s Ganze bei milder Hitze 4–5 Minuten ziehen lassen. Die noch
⌐armen Blaubeeren auf den Teig geben und die restlichen Blau-
⌐eeren darauf verteilen.

3 Den Kuchen im Backofen auf der mittleren Einschubleiste
15 Minuten backen. Anschließend den Blaubeerkuchen mit
Puderzucker bestäuben.

Für 24 Stücke

250 g Blätterteig (TK)

900 g Blaubeeren

50 ml Crème de Cassis

3 El Zitronensaft

**Puderzucker zum
Bestäuben**

Mehl zum Bearbeiten

*Zubereitungszeit: 45 Minuten
Pro Stück ca. 70 kcal/280 KJ
1 g E, 4 g F, 6 g KH, 0,5 KE-BE*

Diabetestabelle

So nutzen Sie die Tabelle

Sie finden die Lebensmittel nach Sachgruppen und/oder Herstellern untergliedert. Neben den Angaben bezogen auf 100 g Lebensmitteln finden Sie auch wünschenswerte und haushaltsübliche Portionsangaben. In der Regel stehen neben den Portionsangaben auch die Mengen. Doch nicht immer war es uns möglich, die genauen Mengen zu nennen. Dies gilt insbesondere für Halbfertigprodukte, die in Ihrem Haushalt nach Packungsanweisung zubereitet werden.

Für jedes Produkt finden Sie neben dem Kohlenhydratgehalt und dem KE-BE-Wert auch die Energiewerte. Wir haben den KE- und BE-Wert zusammengefasst und verstehen ihn als Schätzhilfe. Falls Sie dies in Ihrer Diabetiker-Schulung anders gelernt haben und Sie durch unsere Angaben verwirrt sind, bleiben Sie bitte bei Ihren Werten. Über den Kohlenhydratgehalt können Sie selbst den KE-Wert (Quotient von 10) und BE-Wert (Quotient von 12) errechnen. Gemüse müssen Sie bei Mengen von unter 200 g nicht anrechnen, auch wenn wir die Werte dort der Ordnung halber aufgeführt haben. Ausnahmen sind Mais, Erbsen, rote Beeten und Hülsenfrüchte.

Die Fettampel

Die Fettampel dient Ihnen als Hilfsinstrument, sich auch als Diabetik gesund und fettarm zu ernähren.

Grün ● bedeutet: kein Fett vorhanden oder in so kleinen Mengen, da Sie sich keine Gedanken machen müssen.

Gelb ● bedeutet: bewusst essen und genießen, aber in haushaltsüblich Mengen. Ein Beispiel: 1 Schnitzel ist okay, aber bitte kein riesiges od 2 kleine Schnitzel.

Rot ● bedeutet: Achtung! Besser darauf verzichten. Sie werden sehe es gibt meistens Alternativen.

Abkürzungen

EL	Esslöffel
g	Gramm
i. D.	im Durchschnitt
i. Tr.	in der Trockenmasse

Getreideprodukte und Backwaren

Getreide und Verarbeitungsprodukte

	Kohlen-hydrate g	KE-BE	kcal (kJ)	
Amaranth	56,8	5,2	370 (1546)	•
→ 1 Portion (50 g)	28,4	2,6	185 (773)	•
Buchweizen, geschält	71,3	6,5	341 (1425)	•
→ 1 Portion (50 g)	35,7	3,2	171 (713)	•
Buchweizen, Grütze	72,6	6,6	339 (1417)	•
→ 1 EL (10 g)	7,3	0,7	34 (142)	•
Gerste, ganzes Korn	63,3	5,8	318 (1329)	•
→ 1 EL (10 g)	6,3	0,6	32 (133)	•
Gerstengraupen	71,1	6,5	340 (1421)	•
→ 1 EL (10 g)	7,1	0,6	34 (142)	•
Grünkern, Dinkel, ganzes Korn	62,4	5,7	327 (1367)	•
→ 1 EL (10 g)	6,2	0,6	33 (137)	•
Grünkernmehl	64	5,8	336 (1404)	•
→ 1 EL (10 g)	6,4	0,6	34 (140)	•
Hafer, ganzes Korn	59,8	5,4	358 (1496)	•
→ 1 EL (10 g)	6	0,5	36 (150)	•
Haferflocken	58,1	5,3	375 (1568)	•
→ 1 EL (10 g)	5,8	0,5	38 (157)	•
Hirse, ganzes Korn	69	6,3	356 (1488)	•
→ 1 EL (10 g)	6,9	0,6	36 (149)	•
Mais, ganzes Korn	65	5,9	333 (1392)	•
→ 1 EL (10 g)	6,5	0,6	33 (139)	•
Cornflakes	80	7,3	357 (1492)	•
→ 1 EL (5 g)	4	0,4	18 (75)	•
Maismehl	66,9	6,1	354 (1480)	•
→ 1 EL (10 g)	6,7	0,6	35 (148)	•
Maisgrieß (Polenta)	73,5	6,7	355 (1484)	•
→ 1 EL (10 g)	7,4	0,7	36 (148)	•
Quinoa	60,8	5,5	359 (1501)	•
→ 1 EL (10 g)	6,1	0,6	36 (150)	•

	Kohlen-hydrate g	KE-BE	kcal (kJ)	
Reis, natur Vollkorn	73,4	6,7	347 (1450)	•
→ 1 Portion (50 g)	36,7	3,3	174 (725)	•
Reis, poliert	78,4	7,1	348 (1455)	•
→ 1 Portion (50 g)	39,2	3,6	174 (728)	•
Roggenmehl Type 1150	67,8	6,2	321 (1342)	•
→ 1 EL (10 g)	6,8	0,6	32 (134)	•
Weizen, ganzes Korn	61	5,5	316 (1321)	•
→ 1 EL (10 g)	6,1	0,6	32 (132)	•
Weizengrieß	69	6,3	327 (1367)	•
→ 1 EL (10 g)	6,9	0,6	33 (137)	•
Weizenkeime	30,6	2,8	301 (1258)	•
→ 1 EL (5 g)	1,5	0,1	15 (63)	•
Weizenkleie	16,3	1,5	193 (807)	•
→ 1 EL (5 g)	0,8	0,1	10 (40)	•
Weizenmehl, Type 405	71	6,5	338 (1413)	•
→ 1 EL (10 g)	7,1	0,6	34 (141)	•
Weizenmehl, Type 550	70,8	6,4	327 (1367)	•
→ 1 EL (10 g)	7,1	0,6	33 (137)	•
Weizenmehl, Type 1700	67	6,1	309 (1292)	•
→ 1 EL (10 g)	6,7	0,6	31 (129)	•
Weizenstärke	85	7,7	348 (1455)	•
→ 1 EL (10 g)	8,5	0,8	35 (146)	•
Wildreis	36,7	3,3	340 (1421)	•
→ 1 Portion (50 g)	18,4	1,7	170 (711)	•

Brot und Brötchen

	Kohlen-hydrate g	KE-BE	kcal (kJ)	
Baguettebrötchen	55,4	5	270 (1129)	•
→ 1 Stück (60 g)	33,2	3	162 (677)	•
Brötchen, Semmeln	44	4	254 (1062)	•
→ 1 Stück (40 g)	17,6	1,6	102 (425)	•
Kleiebrötchen	39,7	3,6	240 (1003)	•
→ 1 Stück (40 g)	15,9	1,4	96 (401)	•
Sesam-, Mohnbrötchen	43	3,9	284 (1187)	•
→ 1 Stück (40 g)	17,2	1,6	114 (475)	•

	Kohlen-hydrate g	KE-BE	kcal (kJ)	● ● ●
Croissant	30	2,7	410 (1714)	●
→ 1 Stück (40 g)	12	1,1	164 (686)	●
Croissant mit Schokolade	32,5	3	424 (1772)	●
→ 1 Stück (50 g)	16,3	1,5	212 (886)	●
Knäckebrot, Weizen	60	5,5	334 (1396)	●
→ 1 Scheibe (10 g)	6	0,5	33 (140)	●
Knäckebrot, Roggen	59	5,4	317 (1325)	●
→ 1 Scheibe (10 g)	5,9	0,5	32 (133)	●
Laugenbrezel/-brötchen	43	3,9	253 (1058)	●
→ 1 Stück (40 g)	17,2	1,6	101 (423)	●
Pita/Fladenbrot	48,8	4,4	265 (1108)	●
→ 1 Stück , 1/4 (150 g)	73,2	6,7	398 (1662)	●
Pumpernickel	42,5	3,9	204 (853)	●
→ 1 Scheibe (30 g)	12,8	1,2	61 (256)	●
Bauernbrot	46	4,2	228 (953)	●
→ 1 Scheibe (40 g)	18,4	1,7	91 (381)	●
Roggenbrötchen	46,7	4,2	252 (1054)	●
→ 1 Stück (40 g)	18,7	1,7	101 (422)	●
Roggenmischbrot	46	4,2	221 (924)	●
→ 1 Scheibe (40 g)	18,4	1,7	88 (370)	●
Roggenschrotbrot	42,2	3,8	213 (890)	●
→ 1 Scheibe (40 g)	16,9	1,5	85 (356)	●
Roggenvollkornbrot	42,1	3,8	205 (857)	●
→ 1 Scheibe (40 g)	16,8	1,5	82 (343)	●
Rosinenbrötchen	48,9	4,4	270 (1129)	●
→ 1 Stück (40 g)	19,6	1,8	108 (452)	●
Sechskornbrot	44,4	4	230 (961)	●
→ 1 Scheibe (40 g)	17,8	1,6	92 (384)	●
Toastbrot	50	4,5	265 (1108)	●
→ 1 Scheibe (20 g)	10	0,9	53 (222)	●
Vollkorntoast	49	4,5	238 (995)	●
→ 1 Scheibe (20 g)	9,8	0,9	48 (199)	●
Vierkornbrot	44,4	4	214 (897)	●
→ 1 Scheibe (40 g)	17,8	1,6	86 (359)	●
Vollkornbrötchen	42,2	3,8	228 (920)	●
→ 1 Stück (40 g)	16,9	1,5	91 (368)	●
Weißbrot mit Rosinen	48,9	4,4	269 (1125)	●
→ 1 Scheibe (40 g)	19,6	1,8	108 (450)	●

	Kohlen-hydrate g	KE-BE	kcal (kJ)	● ● ●
Weißbrot	50	4,5	237 (991)	●
→ 1 Scheibe (40 g)	20	1,8	95 (396)	●
Weizenmischbrot	52,5	4,8	239 (999)	●
→ 1 Scheibe (40 g)	21	1,9	96 (400)	●
Weizenvollkornbrot	42,2	3,8	205 (857)	●
→ 1 Scheibe (40 g)	16,9	1,5	82 (343)	●
Zwieback	73,1	6,6	374 (1563)	●
→ 1 Stück (10 g)	7,3	0,7	37 (156)	●
Kokos-Zwieback	72,1	6,6	424 (1772)	●
→ 1 Stück (10 g)	7,2	0,7	42 (177)	●
Schoko-Zwieback	71,5	6,5	453 (1893)	●
→ 1 Stück (10 g)	7,2	0,7	45 (189)	●
Vollkornzwieback, eifrei	72,5	6,6	364 (1523)	●
→ 1 Stück (10 g)	7,3	0,7	36 (152)	●

Kuchen und Backwaren

	Kohlen-hydrate g	KE-BE	kcal (kJ)	● ● ●
Apfelkuchen, Hefeteig	23	2,1	140 (586)	●
→ 1 Stück (50 g)	11,5	1	70 (293)	●
Apfelkuchen, Mürbeteig	31	2,8	216 (904)	●
→ 1 Stück (50 g)	15,5	1,4	108 (452)	●
Apfelkuchen, Rührteig	34	3,1	217 (908)	●
→ 1 Stück (50 g)	17	1,5	109 (454)	●
Apfelstrudel	36	3,3	210 (881)	●
→ 1 Stück (50 g)	18	1,6	105 (441)	●
Berliner Pfannekuchen	41,7	3,8	334 (1399)	●
→ 1 Stück (50 g)	20,9	1,9	167 (700)	●
Bienenstich, ungefüllt	25	2,3	294 (1232)	●
→ 1 Stück (50 g)	12,5	1,1	147 (616)	●
Biskuitrolle mit Erdbeersahne	14	1,3	219 (916)	●
→ 1 Scheibe (40 g)	5,6	0,5	88 (366)	●
Biskuitrolle mit Marmelade	17	1,5	284 (1189)	●
→ 1 Scheibe (30 g)	5,1	0,5	85 (357)	●
Butterkekse	80	7,3	435 (1818)	●
→ 2 Stück (10 g)	8	0,7	44 (182)	●
Butterkuchen mit Zucker	38	3,5	382 (1599)	●
→ 1 Stück (50 g)	19	1,7	191 (800)	●

	Kohlen-hydrate g	KE-BE	kcal (kJ)	● ● ●
Donauwellen	32	2,9	308 (1291)	●
→ 1 Stück (60 g)	19,2	1,7	185 (775)	●
Gugelhupf (Hopfkuchen)	75	6,8	382 (1601)	●
→ 1 Scheibe (50 g)	37,5	3,4	191 (801)	●
Hefestück mit Zuckerguss	43	3,9	294 (1232)	●
→ 1 Stück (50 g)	21,5	2	147 (616)	●
Hefestück mit Mohn	42	3,8	377 (1579)	●
→ 1 Stück (50 g)	21	1,9	189 (790)	●
Hefestück mit Rosinen	44	4	342 (1431)	●
→ 1 Stück (50 g)	22	2	171 (716)	●
Kekse ohne Schokolade	60	5,5	460 (1923)	●
→ 2 Stück (10 g)	6	0,5	46 (192)	●
Kekse mit Schokolade	56	5,1	502 (2099)	●
→ 2 Stück (10 g)	5,6	0,5	50 (210)	●
Lebkuchen	66,7	6,1	372 (1557)	●
→ 3 kleine Herzen (10 g)	6,7	0,6	37 (156)	●
Löffelbiskuits	82	7,5	405 (1693)	●
→ 2 Stück (10 g)	8,2	0,7	41 (169)	●
Marmorkuchen	29	2,6	406 (1700)	●
→ 1 Stück (50 g)	14,5	1,3	203 (850)	●
Nusskuchen	36	3,3	456 (1906)	●
→ 1 Stück (50 g)	18	1,6	228 (953)	●
Nusssahnetorte	43	3,9	328 (1372)	●
→ 1 Stück (120 g)	51,6	4,7	394 (1646)	●
Obstkuchen, Mürbeteig	35	3,2	252 (1053)	●
→ 1 Stück (50 g)	17,5	1,6	126 (527)	●
Obstkuchen, Quarkölteig	31	2,8	291 (1218)	●
→ 1 Stück (50 g)	15,5	1,4	146 (609)	●
Obstkuchen, Rührteig	35,4	3,2	212 (889)	●
→ 1 Stück (50 g)	17,7	1,6	106 (445)	●
Pfeffernüsse	66,6	6,1	450 (1881)	●
→ 2 Stück (10 g)	6,7	0,6	45 (188)	●
Pflaumenkuchen, Hefeteig	34	3,1	178 (745)	●
→ 1 Stück (50 g)	17	1,5	89 (373)	●
Plunderstück Marzipan	39	3,5	405 (1693)	●
→ 1 Stück (60 g)	23,4	2,1	243 (1016)	●
Rhabarberkuchen mit Baiser	27	2,5	201 (841)	●
→ 1 Stück (60 g)	16,2	1,5	121 (505)	●

	Kohlen-hydrate g	KE-BE	kcal (kJ)	● ● ●
Sandkuchen	52,8	4,8	407 (1703)	●
→ 1 Scheibe (50 g)	26,4	2,4	204 (852)	●
Schokoladenkuchen	45,7	4,2	355 (1486)	●
→ 1 Stück (50 g)	22,9	2,1	178 (743)	●
Schokolodensahnetorte	31	2,8	317 (1326)	●
→ 1 Stück (120 g)	37,2	3,4	380 (1591)	●
Schwarzwälder Kirschtorte	39,2	3,6	263 (1103)	●
→ 1 Stück (120 g)	47	4,3	316 (1324)	●
Spekulatius	50	4,5	441 (1846)	●
→ 2 Stück (10 g)	5	0,5	44 (185)	●
Spritzgebäck	31,4	2,9	515 (2153)	●
→ 3 Stück (10 g)	3,1	0,3	52 (215)	●
Stollen	49	4,5	412 (1722)	●
→ 1 Scheibe (50 g)	24,5	2,2	206 (861)	●
Streuselkuchen	54	4,9	391 (1635)	●
→ 1 Stück (50 g)	27	2,5	196 (818)	●
Torteletts	34	3,1	224 (937)	●
→ 1 Stück (50 g)	17	1,5	112 (469)	●
Vanillekipferl	50	4,5	505 (2115)	●
→ 2 Stück (10 g)	5	0,5	51 (212)	●
Vollkornkekse ohne Ei	40	3,6	433 (1812)	●
→ 2 Stück (10 g)	4	0,4	43 (181)	●
Vollkornkekse mit Nüssen, ohne Ei	39	3,5	471 (1972)	●
→ 2 Stück (10 g)	3,9	0,4	47 (197)	●
Vollkornkekse mit Schokolade, ohne Ei	39,5	3,6	473 (1977)	●
→ 2 Stück (10 g)	4	0,4	47 (198)	●
Waffeln	60	5,5	417 (1746)	●
→ 1 Stück (40 g)	24	2,2	167 (698)	●
Waffelkekse	70	6,4	535 (2236)	●
→ 2 Stück (10 g)	7	0,6	54 (224)	●
Zitronenkuchen	57,1	5,2	544 (2277)	●
→ 1 Stück (50 g)	28,6	2,6	272 (1139)	●
Zimtsterne	66,6	6,1	433 (1820)	●
→ 2 Stück (10 g)	6,7	0,6	43 (182)	●

163

	Kohlen-hydrate g	KE-BE	kcal (kJ)	

TK-Back-Spezialitäten

	Kohlen-hydrate g	KE-BE	kcal (kJ)	
Apfelkuchen	31	2,8	211 (884)	●
→ 1 Stück (60 g)	18,6	1,7	127 (530)	●
Blätterteig	32	2,9	394 (1640)	●
→ 1 Platte (50 g)	16	1,5	197 (820)	●
Käsekuchen	30	2,7	199 (836)	●
→ 1 Stück (60 g)	18	1,6	119 (502)	●
Kirschkuchen	27	2,5	246 (1034)	●
→ 1 Stück (60 g)	16,2	1,5	148 (620)	●
Mohnkuchen	36	3,3	316 (1322)	●
→ 1 Stück (60 g)	21,6	2	190 (793)	●
Pflaumenkuchen	35	3,2	218 (914)	●
→ 1 Stück (60 g)	21	1,9	131 (548)	●
Rhabarberkuchen	25	2,3	218 (914)	●
→ 1 Stück (60 g)	15	1,4	131 (548)	●
Versunkener Apfelkuchen	32	2,9	238 (1001)	●
→ 1 Stück (60 g)	19,2	1,7	143 (601)	●

Nudeln

Eiernudeln, roh	70	6,4	362 (1513)	●
→ 1 Portion (80 g)	56	5,1	290 (1210)	●
Eiernudeln, gekocht	30	2,7	145 (606)	●
→ 1 Portion (200 g)	60	5,5	290 (1212)	●
Spätzle mit Ei, roh	70	6,4	360 (1505)	●
→ 1 Portion (80 g)	56	5,1	288 (1204)	●
Spätzle mit Ei, gekocht	35	3,2	141 (589)	●
→ 1 Portion (200 g)	70	6,4	282 (1178)	●
Nudeln, eifrei, roh	75	6,8	342 (1430)	●
→ 1 Portion (80 g)	60	5,5	274 (1144)	●
Nudeln, eifrei, gekocht	33	3	152 (635)	●
→ 1 Portion (200 g)	66	6	304 (1270)	●
Tortellini, roh	65	5,9	374 (1563)	●
→ 1 Portion (150 g)	97,5	8,9	561 (2345)	●
Tortellini, gekocht	25	2,3	150 (627)	●
→ 1 Portion (360 g)	90	8,2	540 (2257)	●
Vollkornnudeln mit Ei, roh	68	6,2	342 (1430)	●
→ 1 Portion (80 g)	54,4	4,9	274 (1144)	●

	Kohlen-hydrate g	KE-BE	kcal (kJ)	
Vollkornnudeln mit Ei, gekocht	29	2,6	137 (573)	●
→ 1 Portion (200 g)	58	5,3	274 (1146)	●
Vollkornnudeln, eifrei, roh	69	6,3	282 (1185)	●
→ 1 Portion (80 g)	55,2	5	226 (948)	●
Vollkornnudeln, eifrei, gekocht	28	2,5	118 (494)	●
→ 1 Portion (200 g)	56	5,1	236 (988)	●

Knabberartikel

Cashewnüsse, geröstet u. gesalzen	32	2,9	611 (2554)	●
→ 1 EL (10 g)	3,2	0,3	61 (255)	●
Erdnüsse, geröstet und gesalzen	8	0,7	602 (2516)	●
→ 1 EL (10 g)	0,8	0,1	60 (252)	●
Erdnussflips	50	4,5	558 (2332)	●
→ 1 Handvoll (20 g)	10	0,9	112 (466)	●
Kartoffelchips	48	4,4	549 (2295)	●
→ 1 Handvoll (20 g)	9,6	0,9	110 (459)	●
Kartoffelsticks	45	4,1	502 (2098)	●
→ 1 Handvoll (20 g)	9	0,8	100 (420)	●
Käsegebäck, Blätterteig	76	6,9	435 (1821)	●
→ 1 Stange (10 g)	7,6	0,7	44 (182)	●
Kräcker	80	7,3	450 (1881)	●
→ 2 Stück (10 g)	8	0,7	45 (188)	●
Salzgebäck, wie z. B. Fischli	62	5,6	366 (1530)	●
→ 7 Stück (10 g)	6,2	0,6	37 (153)	●
Salzbrezeln	66,6	6,1	350 (1463)	●
→ 3 Stück (10 g)	6,7	0,6	35 (146)	●
Salzstangen	66,6	6,1	350 (1463)	●
→ 5 Stück (10 g)	6,7	0,6	35 (146)	●

Gemüse und Kartoffeln

	Kohlen-hydrate g	KE-BE	kcal (kJ)	
Gemüse				
Artischocke	2,6	0,2	22 (92)	●
→ 1 Stück (250 g)	6,5	0,6	55 (230)	●
Aubergine	2,5	0,2	17 (71)	●
→ 1 Stück (500 g)	12,5	1,1	85 (355)	●
Bambussprossen	1	0,1	20 (84)	●
→ 3 Stück (100 g)	1	0,1	20 (84)	●
Bleichsellerie (Staudensellerie)	4,3	0,4	15 (63)	●
→ 1 Stange (80 g)	3,4	0,3	12 (50)	●
Blumenkohl	2,3	0,2	22 (92)	●
→ 1 Kopf (750 g)	17,3	1,6	165 (690)	●
Bohnen, dick	9,7	0,9	72 (301)	●
→ 1 Portion (200 g)	19,4	1,8	144 (602)	●
Bohnen, grün	3,3	0,3	34 (142)	●
→ 1 Portion (200 g)	6,6	0,6	68 (284)	●
Brokkoli	2,5	0,2	26 (109)	●
→ 1 Portion (200 g)	5	0,5	52 (218)	●
Chicorée	2,3	0,2	16 (67)	●
→ 1 Kolben (125 g)	2,9	0,3	20 (84)	●
Chinakohl	2,3	0,2	13 (54)	●
→ 1 Kopf (500 g)	11,5	1	65 (270)	●
Eichblattsalat	1,5	0,1	11 (46)	●
→ 1 Kopf (250 g)	3,8	0,3	28 (115)	●
Eisbergsalat	1,9	0,2	13 (54)	●
→ 1 Kopf (350 g)	6,7	0,6	46 (189)	●
Endiviensalat	0,3	0	10 (42)	●
→ 1 Kopf (300 g)	0,9	0,1	30 (126)	●
Erbsen	10,4	0,9	84 (351)	●
→ 1 Portion (200 g)	20,8	1,9	168 (702)	●
Feldsalat	0,7	0,1	1 (63)	●
→ 1 Portion (30 g)	0,2	0	0 (19)	●
Fenchel	2,8	0,3	23 (96)	●
→ 1 Knolle (200 g)	5,6	0,5	46 (192)	●
Frühlingszwiebel	3	0,3	23 (96)	●
→ 1 Stange 20 g)	0,6	0,1	5 (19)	●

	Kohlen-hydrate g	KE-BE	kcal (kJ)	
Grünkohl (Braunkohl)	2,5	0,2	36 (150)	●
→ 1 Portion (300 g)	7,5	0,7	108 (450)	●
Gurke	1,8	0,2	12 (50)	●
→ 1 Stück (600 g)	10,8	1	72 (300)	●
Knoblauch	28,4	2,6	137 (573)	●
→ 1 Knolle (30 g)	8,5	0,8	41 (172)	●
Knollensellerie	2,3	0,2	18 (75)	●
→ 1 Knolle (500 g)	11,5	1	90 (375)	●
Kohlrabi	3,7	0,3	24 (100)	●
→ 1 Knolle (200 g)	7,4	0,7	48 (200)	●
Kopfsalat	1,1	0,1	11 (46)	●
→ 1 Kopf (200 g)	2,2	0,2	22 (92)	●
Kürbis	5	0,5	24 (100)	●
→ 1 Portion (200 g)	10	0,9	48 (200)	●
Mangold	0,7	0,1	13 (54)	●
→ 1 Portion (200 g)	1,4	0,1	26 (108)	●
Meerrettich	11,7	1,1	63 (263)	●
→ 1 EL (10 g)	1,2	0,1	6 (26)	●
Möhren	5,2	0,5	25 (105)	●
→ 1 Stück (100 g)	0,2	0	25 (105)	●
Okra	2,2	0,2	15 (65)	●
→ 1 Portion (200 g)	4,4	0,4	30 (130)	●
Oliven, grün	2	0,2	142 (594)	●
→ 5 Stück (20 g)	0,4	0	28 (119)	●
Oliven, schwarz	4	0,4	145 (606)	●
→ 5 Stück (20 g)	0,8	0,1	29 (121)	●
Paprika	3,6	0,3	15 (84)	●
→ 1 Stück (200 g)	7,2	0,7	30 (168)	●
Peperoni	3,4	0,3	20 (84)	●
→ 1 Stück (50 g)	1,7	0,2	10 (42)	●
Porree (Lauch)	3,2	0,3	24 (100)	●
→ 1 Stange (200 g)	6,4	0,6	48 (200)	●
Radicchio	1,5	0,1	13 (54)	●
→ 1 Kopf (150 g)	2,3	0,2	20 (81)	●

	Kohlen-hydrate g	KE-BE	kcal (kJ)	🔴🟠🟢
Radieschen	2	0,2	14 (59)	🟢
→ 10 Stück (120 g)	2,4	0,2	17 (71)	🟢
Rettich	1,9	0,2	13 (54)	🟢
→ 1 Stück (250 g)	4,8	0,4	33 (135)	🟢
Rosenkohl	3,3	0,3	35 (146)	🟢
→ 1 Portion (250 g)	8,3	0,8	88 (365)	🟢
Rote Rüben (Rote Bete)	1,5	0,1	41 (171)	🟢
→ 1 Stück (120 g)	1,8	0,2	49 (205)	🟢
Rotkohl	1,5	0,1	21 (88)	🟢
→ 1 Kopf (1 kg)	15	1,4	210 (880)	🟢
Sauerkraut	1,5	0,1	18 (75)	🟢
→ 1 Portion (200 g)	3	0,3	36 (150)	🟢
Schwarzwurzel	1,6	0,1	16 (67)	🟢
→ 1 Portion (200 g)	3,2	0,3	32 (134)	🟢
Spargel	5,3	0,5	17 (71)	🟢
→ 1 Portion (500 g)	26,5	2,4	85 (355)	🟢
Spinat	0,6	0,1	15 (63)	🟢
→ 1 Portion (200 g)	1,2	0,1	30 (126)	🟢
Steckrübe	4	0,4	9 (38)	🟢
→ 1 Stück (500 g)	20	1,8	45 (190)	🟢
Suppengrün	4,2	0,4	26 (110)	🟢
→ 1 Grundlage für Suppe (250 g)	10,5	1	65 (275)	🟢
Tomaten	2,6	0,2	19 (79)	🟢
→ 1 Stück (80 g)	2,1	0,2	15 (63)	🟢
Weiße Rüben	4	0,4	24 (100)	🟢
→ 1 Stück (120 g)	4,8	0,4	29 (120)	🟢
Weißkohl	4,2	0,4	25 (105)	🟢
→ 1 Kopf (1 kg)	42	3,8	250 (1050)	🟢
Wirsingkohl	2,4	0,2	24 (101)	🟢
→ 1 Kopf (1 kg)	24	2,2	240 (1010)	🟢
Zucchini	2,2	0,2	18 (75)	🟢
→ 1 Stück (200 g)	4,4	0,4	36 (150)	🟢
Zuckererbsenschoten	12	1,1	68 (285)	🟢
→ 1 Portion (250 g)	30	2,7	170 (713)	🟢
Zuckermais	15,8	1,4	89 (372)	🟢
→ 1 Kolben (300 g)	47,4	4,3	267 (1116)	🟢
Zwiebeln	21	1,9	30 (125)	🟢
→ 1 Stück (40 g)	8,4	0,8	12 (50)	🟢

	Kohlen-hydrate g	KE-BE	kcal (kJ)	🔴🟠🟢
Kräuter				
Basilikum	2	0,2	47 (198)	🟢
→ 1 EL (3 g)	0,1	0	1 (6)	🟢
Brunnenkresse	1,6	0,1	22 (92)	🟢
→ 1 EL (3 g)	0	0	1 (3)	🟢
Dill	1,8	0,2	55 (232)	🟢
→ 1 EL (3 g)	0,1	0	2 (7)	🟢
Kresse	1,6	0,1	36 (150)	🟢
→ 1 EL (3 g)	0	0	1 (5)	🟢
Oregano	2	0,2	57 (240)	🟢
→ 1 EL (3 g)	0,1	0	2 (7)	🟢
Petersilie	2	0,2	25 (105)	🟢
→ 1 EL (3 g)	0,1	0	1 (3)	🟢
Schnittlauch	1,6	0,1	27 (113)	🟢
→ 1 EL (3 g)	0	0	1 (3)	🟢
Hülsenfrüchte				
Bohnen, weiß, getrocknet	40	3,6	238 (994)	🟢
→ 1 Portion (60 g)	24	2,2	143 (596)	🟢
Bohnen, weiß, Konserve	15	1,4	198 (827)	🟢
→ 1 Portion (200 g)	30	2,7	396 (1654)	🟢
Erbsen, gelb, getrocknet	41,2	3,7	269 (1125)	🟢
→ 1 Portion (60 g)	24,7	2,2	161 (675)	🟢
Kichererbsen, getrocknet	41,2	3,7	306 (1282)	🟢
→ 1 Portion (60 g)	24,7	2,2	184 (769)	🟢
Kidney-Bohnen, getrocknet	39	3,5	266 (1112)	🟢
→ 1 Portion (60 g)	23,4	2,1	160 (667)	🟢
Kidney-Bohnen, Konserve	15	1,4	100 (418)	🟢
→ 1 Portion (200 g)	30	2,7	200 (836)	🟢
Linsen, getrocknet	52	4,7	270 (1129)	🟢
→ 1 Portion (60 g)	31,2	2,8	162 (677)	🟢
Linsen, Konserve	20	1,8	100 (418)	🟢
→ 1 Portion (200 g)	40	3,6	200 (836)	🟢
Rote Linsen, getrocknet	48	4,4	285 (1191)	🟢
→ 1 Portion (60 g)	28,8	2,6	171 (715)	🟢
Sojabohnenkeime	4,6	0,4	58 (242)	🟢
→ 1 Portion (200 g)	9,2	0,8	116 (484)	🟢

	Kohlen-hydrate g	KE-BE	kcal (kJ)	● ● ●

Pilze

	Kohlen-hydrate g	KE-BE	kcal (kJ)	
Austernpilze	0,1	0	11 (46)	●
→ 1 Portion (200 g)	0,2	0	22 (92)	●
Champignons	0,6	0,1	15 (63)	●
→ 1 Portion (200 g)	1,2	0,1	30 (126)	●
Champignons, Konserve	0,5	0	12 (51)	●
→ 1 Portion (200 g)	1	0,1	24 (102)	●
Pfifferlinge	0,2	0	11 (46)	●
→ 1 Portion (200 g)	0,4	0	22 (92)	●
Pfifferlinge, getrocknet	2	0,2	89 (372)	●
→ 1 Portion (20 g)	0,4	0	18 (74)	●
Shiitake	0,1	0	40 (168)	●
→ 1 Portion (200 g)	0,2	0	80 (336)	●
Steinpilze	0,5	0	16 (67)	●
→ 1 Portion (200 g)	1	0,1	32 (134)	●
Steinpilze, getrocknet	4	0,4	120 (502)	●
→ 1 Portion (20 g)	0,8	0,1	24 (100)	●
Trüffel	7	0,6	56 (235)	●
→ 1 Portion (200 g)	14	1,3	112 (470)	●

Kartoffeln und Kartoffelprodukte

	Kohlen-hydrate g	KE-BE	kcal (kJ)	
Kartoffeln, roh	14	1,3	70 (293)	●
→ 1 Portion (200 g)	28	2,5	140 (586)	●
Bratkartoffeln i. D.	17	1,5	161 (673)	●
→ 1 Portion (200 g)	34	3,1	322 (1346)	●
Kartoffelbrei i. D.	12	1,1	75 (314)	●
→ 1 Portion (200 g)	24	2,2	150 (628)	●
Kartoffelklöße	22	2	100 (418)	●
→ 1 Portion (200 g)	44	4	200 (836)	●
Kartoffelkroketten i. D.	22	2	268 (1120)	●
→ 1 Portion (200 g)	44	4	536 (2240)	●
Kartoffelpuffer i. D.	14	1,3	313 (1308)	●
→ 1 Portion (200 g)	28	2,5	626 (2616)	●
Pommes frites	29	2,6	272 (1138)	●
→ 1 Portion (200 g)	58	5,3	544 (2276)	●
Pommes frites aus dem Backofen	25,5	2,3	175 (735)	●
→ 1 Portion (200 g)	51	4,6	350 (1470)	●

	Kohlen-hydrate g	KE-BE	kcal (kJ)	
Salzkartoffeln	14	1,3	69 (288)	●
→ 1 Portion (200 g)	28	2,5	138 (576)	●
Süßkartoffeln Bataten	21	1,9	95 (397)	●
→ 1 Portion (200 g)	42	3,8	190 (794)	●

MAGGI Kartoffel-Erzeugnisse

	Kohlen-hydrate g	KE-BE	kcal (kJ)	
Kartoffel-Püree	82,8	7,5	353 (1536)	●
→ 1 Portion nach Packungs-anleitung (200 g)	24,4	2,2	130 (552)	●
Kartoffel-Püree komplett mit feinem Buttergeschmack	64,6	5,9	344 (1455)	●
→ 1 Portion nach Packungs-anleitung (200 g)	129,2	11,7	114 (480)	●
Kartoffel-Püree mit Speck und Zwiebeln	70,2	6,4	352 (1489)	●
→ 1 Portion nach Packungs-anleitung (200 g)	140,4	12,8	116 (491)	●
Kartoffelknödel Halb & Halb, im Kochbeutel	68,9	6,3	306 (1301)	●
→ 1 Portion nach Packungs-anleitung (145 g)	22,7	2,1	101 (429)	●
Semmel-Knödel	70,8	6,4	340 (1445)	●
→ 1 Portion nach Packungs-anleitung (145 g)	23,4	2,1	112 (477)	●
Halb & Halb Knödel	69,6	6,3	305 (1296)	●
→ 1 Portion nach Packungs-anleitung (145 g)	23	2,1	101 (428)	●

Obst, Nüsse und Samen

	Kohlen-hydrate g	KE-BE	kcal (kJ)	
Obst				
Acerola	2,6	0,2	17 (71)	●
→ Stück (120 g)	3,1	0,3	20 (85)	●
Ananas	12	1,1	56 (234)	●
→ Stück (1000 g)	2	0,2	560 (234)	●
Apfel	11	1	55 (230)	●
→ Stück (120 g)	13,2	1,2	66 (276)	●
Apfelsine	8	0,7	43 (180)	●
→ Stück (150 g)	12	1,1	65 (270)	●
Aprikose	8,5	0,8	45 (188)	●
→ Stück (50 g)	4,3	0,4	23 (94)	●
Avocado	0,4	0	228 (953)	●
→ Stück (200 g)	0,8	0,1	456 (1906)	●
Banane	21	1,9	92 (385)	●
→ Stück (200 g)	42	3,8	184 (770)	●
Birne	12	1,1	55 (230)	●
→ Stück (180 g)	21,6	2	99 (414)	●
Brombeeren	6	0,5	43 (180)	●
→ Portion (200 g)	12	1,1	86 (360)	●
Clementine	10	0,9	37 (155)	●
→ Portion (60 g)	6	0,5	22 (93)	●
Dattel	36,6	3,3	142 (594)	●
→ 2 Stück (60 g)	22	2	85 (356)	●
Erdbeeren	6	0,5	33 (138)	●
→ Portion (200 g)	12	1,1	66 (276)	●
Feige	12	1,1	61 (255)	●
→ Portion (50 g)	6	0,5	31 (128)	●
Granatapfel	17,2	1,6	75 (314)	●
→ Portion (180 g)	31	2,8	135 (565)	●
Grapefruit	9	0,8	40 (167)	●
→ Portion (180 g)	16,2	1,5	72 (301)	●
Guave	14	1,3	35 (146)	●
→ Portion (180 g)	25,2	2,3	63 (263)	●
Heidelbeeren	6	0,5	37 (155)	●
→ Portion (200 g)	12	1,1	74 (310)	●
Himbeeren	5	0,5	36 (150)	●
→ Portion (200 g)	10	0,9	72 (300)	●
Holunderbeeren	6	0,5	40 (167)	●
→ Portion (200 g)	12	1,1	80 (334)	●
Honigmelone	12	1,1	54 (226)	●
→ 1 Stück (200 g)	24	2,2	108 (452)	●
Johannisbeeren, rot	5	0,5	36 (150)	●
→ Portion (200 g)	10	0,9	72 (300)	●
Johannisbeeren, schwarz	6	0,5	47 (196)	●
→ Portion (200 g)	12	1,1	94 (392)	●
Kaki	16	1,5	70 (293)	●
→ Stück (120 g)	19,2	1,7	84 (352)	●
Kaktusfeige	7	0,6	35 (146)	●
→ Stück (80 g)	5,6	0,5	28 (117)	●
Karambole (Sternfrucht)	5	0,5	20 (84)	●
→ Stück (80 g)	4	0,4	16 (67)	●
Kirschen, sauer	10	0,9	55 (230)	●
→ 3 Stück (10 g)	1	0,1	6 (23)	●
Kirschen, süß	13	1,2	63 (263)	●
→ 3 Stück (10 g)	1,3	0,1	6 (26)	●
Kiwi	9	0,8	53 (222)	●
→ 1 Stück (60 g)	5,4	0,5	32 (133)	●
Kumquat	14	1,3	64 (268)	●
→ 3 Stück (30 g)	4,2	0,4	19 (80)	●
Litchi	17	1,5	74 (309)	●
→ 3 Stück (50 g)	8,5	0,8	37 (155)	●
Mandarine	26	2,4	46 (192)	●
→ 1 Stück (80 g)	20,8	1,9	37 (154)	●
Mango	13	1,2	58 (242)	●
→ 1 Stück (250 g)	32,5	3	145 (605)	●
Mirabelle	15	1,4	64 (268)	●
→ 3 Stück (50 g)	7,5	0,7	32 (134)	●
Nektarine	12	1,1	40 (167)	●
→ 1 Stück (80 g)	9,6	0,9	32 (134)	●

	Kohlen-hydrate g	KE-BE	kcal (kJ)	
Papaya	2,5	0,2	12 (50)	●
→ 1 Stück (120 g)	3	0,3	14 (60)	●
Passionsfrucht	10	0,9	67 (280)	●
→ 1 Stück (80 g)	8	0,7	54 (224)	●
Pfirsich	9	0,8	42 (176)	●
→ 1 Stück (120 g)	10,8	1	50 (211)	●
Pflaume	16	1,5	50 (209)	●
→ 1 Stück (30 g)	4,8	0,4	15 (63)	●
Preiselbeeren	6	0,5	36 (150)	●
→ 1 Portion (200 g)	12	1,1	72 (300)	●
Reneklode	12	1,1	57 (238)	●
→ 1 Stück (40 g)	4,8	0,4	23 (95)	●
Rhabarber	0	0	14 (59)	●
→ 1 Portion (200 g)	0	0	28 (118)	●
Rosinen/Sultaninen	64	5,8	280 (1170)	●
→ 1 EL (10 g)	6,4	0,6	28 (117)	●
Stachelbeeren	7	0,6	39 (163)	●
→ 1 Portion (200 g)	14	1,3	78 (326)	●
Tamarillo	10	0,9	56 (234)	●
→ 1 Stück (60 g)	6	0,5	34 (140)	●
Wassermelone	8	0,7	37 (155)	●
→ 1 Stück (250 g)	20	1,8	93 (388)	●
Weintrauben	15	1,4	73 (305)	●
→ 10 Stück (40 g)	6	0,5	29 (122)	●
Zitrone	3	0,3	41 (171)	●
→ 1 Stück (60 g)	1,8	0,2	25 (103)	●

Nüsse und Samen

	Kohlen-hydrate g	KE-BE	kcal (kJ)	
Cashewnüsse	42,2	3,8	592 (2475)	●
→ 1 EL (10 g)	4,2	0,4	59 (248)	●
Erdnüsse	48	4,4	608 (2541)	●
→ 1 EL (10 g)	4,8	0,4	61 (254)	●
Esskastanien (Maronen)	1,9	0,2	194 (811)	●
→ 3 Stück (25 g)	0,5	0	49 (203)	●
Haselnüsse	61,6	5,6	672 (2809)	●
→ 1 EL (10 g)	6,2	0,6	67 (281)	●

	Kohlen-hydrate g	KE-BE	kcal (kJ)	
Kokosnüsse	36,5	3,3	363 (1517)	●
→ 1 Stück (20 g)	7,3	0,7	73 (303)	●
Kokosnussraspeln	62	5,6	610 (2550)	●
→ 1 EL (10 g)	6,2	0,6	61 (255)	●
Kürbiskerne	49	4,5	600 (2508)	●
→ 1 EL (10 g)	4,9	0,4	60 (251)	●
Leinsamen	30,9	2,8	396 (1655)	●
→ 1 EL (10 g)	3,1	0,3	40 (166)	●
Mandeln	54,1	4,9	623 (2604)	●
→ 1 EL (10 g)	5,4	0,5	62 (260)	●
Macadamianüsse	70	6,4	700 (2926)	●
→ 1 EL (10 g)	7	0,6	70 (293)	●
Mohnsamen	42,2	3,8	499 (2086)	●
→ 1 EL (10 g)	4,2	0,4	50 (209)	●
Paranüsse	66,8	6,1	697 (2913)	●
→ 1 EL (10 g)	6,7	0,6	70 (291)	●
Pecannüsse	72	6,5	735 (3072)	●
→ 1 EL (10 g)	7,2	0,7	74 (307)	●
Pinienkerne	60	5,5	680 (2842)	●
→ 1 EL (10 g)	6	0,5	68 (284)	●
Pistazien	51,6	4,7	621 (2596)	●
→ 1 EL (10 g)	5,2	0,5	62 (260)	●
Sesamsamen	58	5,3	590 (2466)	●
→ 1 EL (10 g)	5,8	0,5	59 (247)	●
Sonnenblumenkerne	49	4,5	605 (2529)	●
→ 1 EL (10 g)	4,9	0,4	61 (253)	●
Walnüsse	62,5	5,7	680 (2843)	●
→ 1 EL (10 g)	6,3	0,6	68 (284)	●

Milch und Milchprodukte

	Kohlen-hydrate g	KE-BE	kcal (kJ)	● ● ●
Kuhmilch, 3,5% Fett Vollmilch	5	0,5	67 (280)	●
→ 1 Glas (200 ml)	10	0,9	134 (560)	●
Kuhmilch, 1,5% Fett fettarm	5	0,5	49 (205)	●
→ 1 Glas (200 ml)	10	0,9	98 (410)	●
Kuhmilch, 0,1% Fett entrahmt	5	0,5	35 (144)	●
→ 1 Glas (200 ml)	10	0,9	70 (288)	●
Stutenmilch	6	0,5	49 (205)	●
→ 1 Glas (200 ml)	12	1,1	98 (410)	●
Ziegenmilch	5	0,5	70 (293)	●
→ 1 Glas (200 ml)	10	0,9	140 (586)	●
Buttermilch	4	0,4	39 (163)	●
→ 1 Glas (200 ml)	8	0,7	78 (326)	●
Fruchtbuttermilch	13	1,2	63 (262)	●
→ 1 Glas (200 ml)	26	2,4	126 (524)	●
Crème double, 42% Fett	0	0	408 (1707)	●
→ 1 EL (15 g)	0	0	61 (256)	●
Crème fraîche, 20% Fett	0	0	218 (911)	●
→ 1 EL (15 g)	0	0	33 (137)	●
Crème fraîche, 30% Fett	0	0	292 (1220)	●
→ 1 EL (15 g)	0	0	44 (183)	●
Crème fraîche, 40% Fett	0	0	379 (1584)	●
→ 1 EL (15 g)	0	0	57 (238)	●
Crème fraîche m. Kräutern, 38% Fett	0	0	369 (1545)	●
→ 1 EL (15 g)	0	0	55 (232)	●
Dickmilch, 3,5% Fett vollfett	4	0,4	64 (286)	●
→ 1 Becher (150 g)	6	0,5	96 (429)	●
Dickmilch, 1,5% Fett teilentrahmt	4	0,4	47 (196)	●
→ 1 Becher (150 g)	6	0,5	71 (294)	●
Dickmilch, 0,1% Fett entrahmt	4	0,4	35 (146)	●
→ 1 Becher (150 g)	6	0,5	53 (219)	●
Fruchtdickmilch, 3,5% Fett vollfett	14	1,3	95 (397)	●
→ 1 Becher (150 g)	21	1,9	143 (596)	●
Fruchtdickmilch, 1,5% Fett teilentrahmt	14	1,3	76 (318)	●
→ 1 Becher (150 g)	21	1,9	114 (477)	●

	Kohlen-hydrate g	KE-BE	kcal (kJ)	● ● ●
Sahnefruchtdickmilch, 10% Fett	14	1,3	168 (703)	●
→ 1 Becher (150 g)	21	1,9	252 (1055)	●
Fruchtjoghurt, 3,5% Fett vollfett	14	1,3	103 (431)	●
→ 1 Becher (150 g)	21	1,9	155 (647)	●
Fruchtjoghurt, 1,5% Fett teilentrahmt	14	1,3	82 (343)	●
→ 1 Becher (150 g)	21	1,9	123 (515)	●
Fruchtjoghurt, 0,1% Fett entrahmt	14	1,3	69 (288)	●
→ 1 Becher (150 g)	21	1,9	104 (432)	●
Sahnefruchtjoghurt, 10% Fett	14	1,3	170 (711)	●
→ 1 Becher (150 g)	21	1,9	255 (1067)	●
Joghurt natur, 3,5% Fett vollfett	4	0,4	65 (271)	●
→ 1 Becher (150 g)	6	0,5	98 (407)	●
Joghurt natur, 1,5% Fett teilentrahmt	4	0,4	53 (222)	●
→ 1 Becher (150 g)	4	0,4	80 (333)	●
Joghurt natur, 0,1% Fett entrahmt	4	0,4	39 (163)	●
→ 1 Becher (150 g)	6	0,5	59 (245)	●
Sahnejoghurt, 10% Fett	4	0,4	123 (514)	●
→ 1 Becher (150 g)	6	0,5	185 (771)	●
Kakaotrunk, 3,5% Fett	9	0,8	78 (326)	●
→ 1 Glas (200 ml)	18	1,6	156 (652)	●
Kakaotrunk 1,5% Fett	9	0,8	61 (255)	●
→ 1 Glas (200 ml)	18	1,6	122 (510)	●
Kaffeesahne, 10% Fett	12	1,1	118 (493)	●
→ 1 EL (15 g)	1,8	0,2	18 (74)	●
Kaffeesahne, 15% Fett	13	1,2	162 (677)	●
→ 1 EL (15 g)	2	0,2	24 (102)	●
Kaffeeweißer pflanzlich	55	5	540 (2257)	●
→ 1 EL (5 g)	2,8	0,3	27 (113)	●
Kefir, 3,5% Fett	4	0,4	66 (276)	●
→ 1 Glas (200 ml)	8	0,7	132 (552)	●
Kefir mit Früchten, 3,5% Fett	14	1,3	108 (454)	●
→ 1 Glas (200 ml)	28	2,5	216 (908)	●
Kondensmilch, 4% Fett	13	1,2	114 (477)	●
→ 1 EL (15 g)	2	0,2	17 (72)	●

	Kohlen-hydrate g	KE-BE	kcal (kJ)	🔴🟡🟢
Kondensmilch 7,5% Fett	13	1,2	137 (573)	🟡
→ 1 EL (15 g)	2	0,2	21 (86)	🟡
Kondensmilch, 10% Fett	12	1,1	183 (767)	🔴
→ 1 EL (15 g)	1,8	0,2	27 (115)	🔴
Molke, Trinkmolke	4	0,4	23 (96)	🟢
→ 1 Glas (200 ml)	8	0,7	46 (192)	🟢
Fruchtmolke	14	1,3	54 (225)	🟢
→ 1 Glas (200 ml)	28	2,5	108 (450)	🟢
Saure Sahne, 10% Fett	4	0,4	121 (505)	🟡
→ 1 EL (15 g)	0,6	0,1	18 (76)	🟡
Saure Sahne, 20% Fett	4	0,4	213 (890)	🟡
→ 1 EL (15 g)	0,6	0,1	32 (134)	🟡
Schlagsahne, 30% Fett	3,5	0,3	317 (1325)	🔴
→ 1 EL (15 g)	0,5	0	48 (199)	🔴
Schlagsahne 40% Fett	3,5	0,3	379 (1584)	🔴
→ 1 EL (15 g)	0,5	0	57 (238)	🔴
Vanillemilch, 3,5% Fett	9	0,8	85 (355)	🟡
→ 1 Glas (200 ml)	18	1,6	170 (710)	🟡
Vanillemilch, 1,5% Fett	9	0,8	68 (284)	🟢
→ 1 Glas (200 ml)	18	1,6	136 (568)	🟢
Vanillemilch, 0,1% Fett	9	0,8	55 (232)	🟢
→ 1 Glas (200 ml)	18	1,6	110 (464)	🟢
Frischkäse, Magerstufe	4	0,4	63 (263)	🟢
→ 1 EL (20 g)	0,8	0,1	13 (53)	🟢
Frischkäse, Doppelrahmstufe, 70% Fett i. Tr.	4	0,4	325 (1360)	🟡
→ 1 EL (20 g)	0,8	0,1	65 (272)	🟡
Frischkäse mit Kräutern, 60% Fett i. Tr.	4	0,4	251 (1049)	🟡
→ 1 EL (20 g)	0,8	0,1	50 (210)	🟡
Feta, 45% Fett i. Tr.	0	0	237 (992)	🟡
→ 1 Würfel (20 g)	0	0	47 (198)	🟡
Früchtequark, 10% Fett i. Tr.	12	1,1	115 (480)	🔴
→ 1 Becher (150 g)	18	1,6	173 (720)	🔴
Früchtequark, 20% Fett i. Tr.	13	1,2	131 (548)	🔴
→ 1 Becher (150 g)	19,5	1,8	197 (822)	🔴
Früchtequark, 40% Fett i. Tr.	13	1,2	203 (849)	🔴
→ 1 Becher (150 g)	19,5	1,8	305 (1274)	🔴

	Kohlen-hydrate g	KE-BE	kcal (kJ)	🔴🟡🟢
Hüttenkäse, Magerstufe, unter 10% Fett i. Tr.	0,1	0	81 (339)	🟢
→ 1 EL (20 g)	0	0	16 (68)	🟢
Hüttenkäse, Viertelfettstufe, 10% Fett i.T.	0,1	0	90 (376)	🟢
→ 1 EL (20 g)	0	0	18 (75)	🟢
Hüttenkäse, Halbfettstufe, 20% Fett i. Tr.	0,1	0	102 (426)	🟡
→ 1 EL (20 g)	0	0	20 (85)	🟡
Kräuterquark, 40% Fett i. Tr.	3,5	0,3	153 (642)	🔴
→ 1 EL (20 g)	0,7	0,1	31 (128)	🔴
Mascarpone	3,5	0,3	460 (1923)	🔴
→ 1 EL (20 g)	0,7	0,1	92 (385)	🔴
Mozzarella	4	0,4	255 (1066)	🟡
→ 1 Kugel (150 g)	6	0,5	383 (1599)	🟡
Schichtkäse, 10% Fett i. Tr.	4	0,4	82 (343)	🟢
→ 1 EL (20 g)	0,8	0,1	16 (69)	🟢
Schichtkäse, 20% Fett i. Tr.	4	0,4	131 (548)	🟡
→ 1 EL (20 g)	0,8	0,1	26 (110)	🟡
Schichtkäse, 40% Fett i. Tr.	4	0,4	153 (639)	🔴
→ 1 EL (20 g)	0,8	0,1	31 (128)	🔴
Schichtkäse, 50% Fett i. Tr.	4	0,4	175 (733)	🔴
→ 1 EL (20 g)	0,8	0,1	35 (147)	🔴
Speisequark, mager	4	0,4	76 (319)	🟢
→ 1 EL (20 g)	0,8	0,1	15 (64)	🟢
Speisequark, 10% Fett i. Tr.	4	0,4	90 (375)	🟢
→ 1 EL (20 g)	0,8	0,1	18 (75)	🟢
Speisequark, 20% Fett i. Tr.	4	0,4	112 (470)	🟡
→ 1 EL (20 g)	0,8	0,1	22 (94)	🟡
Speisequark, 40% Fett i. Tr.	4	0,4	165 (692)	🔴
→ 1 EL (20 g)	0,8	0,1	33 (138)	🔴
Allgäuer Landkäse, 65% Fett i. Tr.	0,1	0	433 (1815)	🟡
→ 1 Scheibe (30 g)	0	0	130 (545)	🟡
Allgäuer Hartkäse, 45% Fett i. Tr.	0,1	0	407 (1704)	🟢
→ 1 Scheibe (30 g)	0	0	122 (511)	🟢
Appenzeller, 50% Fett i. Tr.	0,1	0	386 (1615)	🟢
→ 1 Scheibe (30 g)	0	0	116 (485)	🟢
Babybel, 50% Fett i. Tr.	0,1	0	343 (1435)	🟢
→ 1 Scheibe (30 g)	0	0	103 (431)	🟢

	Kohlen-hydrate g	KE-BE	kcal (kJ)	
Bergkäse, 45% Fett i. Tr.	0,1	0	386 (1615)	●
→ 1 Scheibe (30 g)	0	0	116 (485)	●
Blauschimmelkäse, 50% Fett i. Tr.	0,1	0	360 (1505)	●
→ 1 Portion (30 g)	0	0	108 (452)	●
Blauschimmelkäse, 60% Fett i. Tr.	0,1	0	430 (1797)	●
→ 1 Portion (30 g)	0	0	129 (539)	●
Brie, 45% Fett i. Tr.	0,1	0	281 (1175)	●
→ 1 Portion (30 g)	0	0	84 (353)	●
Brie, 50% Fett i. Tr.	0,1	0	315 (1317)	●
→ 1 Portion (30 g)	0	0	95 (395)	●
Brie, 60% Fett i. Tr.	0,1	0	367 (1534)	●
→ 1 Portion (30 g)	0	0	110 (460)	●
Brie, 70% Fett i. Tr.	0,1	0	431 (1805)	●
→ 1 Portion (30 g)	0	0	129 (542)	●
Butterkäse, 45% Fett i. Tr.	0,1	0	301 (1258)	●
→ 1 Scheibe (30 g)	0	0	90 (377)	●
Butterkäse, 60% Fett i. Tr.	0,1	0	402 (1680)	●
→ 1 Scheibe (30 g)	0	0	121 (504)	●
Cambozola, 70% Fett i. Tr.	0,1	0	413 (1727)	●
→ 1 Portion (30 g)	0	0	124 (518)	●
Camembert, 30% Fett i. Tr.	0,1	0	228 (953)	●
→ 1 Portion (30 g)	0	0	68 (286)	●
Camembert, 40% Fett i. Tr.	0,1	0	289 (1208)	●
→ 1 Portion (30 g)	0	0	87 (362)	●
Camembert, 45% Fett i. Tr.	0,1	0	299 (1250)	●
→ 1 Portion (30 g)	0	0	90 (375)	●
Camembert, 60% Fett i. Tr.	0,1	0	367 (1534)	●
→ 1 Portion (30 g)	0	0	110 (460)	●
Camembert, 70% Fett i. Tr.	0,1	0	431 (1805)	●
→ 1 Portion (30 g)	0	0	129 (542)	●
Chester Cheddar, 45% Fett i. Tr.	0,1	0	389 (1625)	●
→ 1 Scheibe (30 g)	0	0	117 (488)	●
Chester Cheddar, 50% Fett i. Tr.	0,1	0	397 (1661)	●
→ 1 Scheibe (30 g)	0	0	119 (498)	●
Edamer, 30% Fett i. Tr.	0,1	0	266 (1112)	●
→ 1 Scheibe (30 g)	0	0	80 (334)	●
Edamer, 40% Fett i. Tr.	0,1	0	331 (1384)	●
→ 1 Scheibe (30 g)	0	0	99 (415)	●

	Kohlen-hydrate g	KE-BE	kcal (kJ)	
Edamer, 45% Fett i. Tr.	0,1	0	371 (1551)	●
→ 1 Scheibe (30 g)	0	0	111 (465)	●
Emmentaler, 45% Fett i. Tr.	0,1	0	403 (1685)	●
→ 1 Scheibe (30 g)	0	0	121 (506)	●
Esrom, 45% Fett i. Tr.	0,1	0	328 (1373)	●
→ 1 Scheibe (30 g)	0	0	98 (412)	●
Gouda, 40% Fett i. Tr.	0,1	0	303 (1267)	●
→ 1 Scheibe (30 g)	0	0	91 (380)	●
Gouda, 45% Fett i. Tr.	0,1	0	329 (1375)	●
→ 1 Scheibe (30 g)	0	0	99 (413)	●
Harzer, Mainzer Handkäse	0,1	0	126 (528)	●
→ 1 Rolle (30 g)	0	0	38 (158)	●
Havarti, 45% Fett i. Tr.	0,1	0	343 (1435)	●
→ 1 Scheibe (30 g)	0	0	103 (431)	●
Jarlsberg, 45% Fett i. Tr.	0,1	0	350 (1460)	●
→ 1 Scheibe (30 g)	0	0	105 (438)	●
Jerome, 45% Fett i. Tr.	0,1	0	343 (1435)	●
→ 1 Portion (30 g)	0	0	103 (431)	●
Käsepastete mit Walnüssen, 50% Fett i. Tr.	0,1	0	314 (1315)	●
→ 1 Portion (30 g)	0	0	94 (395)	●
Kochkäse, 10% Fett i. Tr.	3	0,3	101 (423)	●
→ 1 Portion (30 g)	0,9	0,1	30 (127)	●
Kochkäse, 20% Fett i. Tr.	3	0,3	131 (549)	●
→ 1 Portion (30 g)	0,9	0,1	39 (165)	●
Kochkäse, 40% Fett i. Tr.	3	0,3	187 (781)	●
→ 1 Portion (30 g)	0,9	0,1	56 (234)	●
Leerdamer, 45% Fett i. Tr.	0,1	0	352 (1437)	●
→ 1 Scheibe (30 g)	0	0	106 (431)	●
Limburger, 20% Fett i. Tr.	0,1	0	183 (766)	●
→ 1 Scheibe (30 g)	0	0	55 (230)	●
Limburger, 40% Fett i. Tr.	0,1	0	267 (1118)	●
→ 1 Scheibe (30 g)	0	0	80 (335)	●
Maaslander, 50% Fett i. Tr.	0,1	0	355 (1486)	●
→ 1 Scheibe (30 g)	0	0	107 (446)	●
Morbier, 40% Fett i. Tr.	0,1	0	297 (1242)	●
→ 1 Portion (30 g)	0	0	89 (373)	●
Münsterkäse, 45% Fett i. Tr.	0,1	0	308 (1290)	●
→ 1 Portion (30 g)	0	0	92 (387)	●

	Kohlen-hydrate g	KE-BE	kcal (kJ)	
Münsterkäse, 50% Fett i. Tr.	0,1	0	329 (1375)	🟡
→ 1 Portion (30 g)	0	0	99 (413)	🟡
Naturkäse mit Kümmel, 45% Fett i. Tr.	0,1	0	293 (1225)	🟢
→ 1 Portion (30 g)	0	0	88 (368)	🟢
Olmützer Quargel, 0,5% Fett i. Tr.	1	0,1	120 (510)	🟢
→ 1 Portion (30 g)	0,3	0	36 (153)	🟢
Parmesan, 37% Fett i. Tr.	0,1	0	375 (1569)	🟢
→ 1 EL (5 g)	0	0	19 (78)	🟢
Pyrenäenkäse, 50% Fett i. Tr.	0,1	0	356 (1488)	🟡
→ 1 Scheibe (30 g)	0	0	107 (446)	🟡
Raclette-Käse, 48% Fett i. Tr.	0,1	0	361 (1510)	🟡
→ 1 Scheibe (30 g)	0	0	108 (453)	🟡
Räucherkäse, 45% Fett i. Tr.	0,1	0	343 (1435)	🟢
→ 1 Scheibe (30 g)	0	0	103 (431)	🟢
Räucherkäse, 50% Fett i. Tr.	0,1	0	374 (1565)	🟡
→ 1 Scheibe (30 g)	0	0	112 (470)	🟡
Romadur, 20% Fett i. Tr.	0,1	0	184 (769)	🟢
→ 1 Scheibe (30 g)	0	0	55 (231)	🟢
Romadur, 30% Fett i. Tr.	0,1	0	226 (946)	🟢
→ 1 Scheibe (30 g)	0	0	68 (284)	🟢
Romadur, 60% Fett i. Tr.	0,1	0	399 (1670)	🔴
→ 1 Scheibe (30 g)	0	0	120 (501)	🔴
Roquefort, 52% Fett i. Tr.	0,1	0	386 (1615)	🔴
→ 1 Portion (30 g)	0	0	116 (485)	🔴
Scheiblettenkäse, 20% Fett i. Tr.	0,1	0	207 (866)	🟢
→ 1 Scheibe (25 g)	0	0	52 (217)	🟢
Schmelzkäse, 20% Fett i. Tr.	0,1	0	188 (787)	🟢
→ 1 Scheibe (25 g)	0	0	47 (197)	🟢
Schmelzkäse, 30% Fett i. Tr.	0,1	0	209 (876)	🟢
→ 1 Ecke (25 g)	0	0	52 (219)	🟢
Schmelzkäse, 45% Fett i. Tr.	0,1	0	270 (1130)	🟢
→ 1 Ecke (25 g)	0	0	68 (283)	🟢
Steppenkäse, 30% Fett i. Tr.	0,1	0	270 (1130)	🟢
→ 1 Scheibe (30 g)	0	0	81 (339)	🟢
Steppenkäse, 45% Fett i. Tr.	0,1	0	325 (1360)	🟢
→ 1 Scheibe (30 g)	0	0	98 (408)	🟢
Tilsiter, 30% Fett i. Tr.	0,1	0	270 (1128)	🟢
→ 1 Scheibe (30 g)	0	0	81 (338)	🟢

	Kohlen-hydrate g	KE-BE	kcal (kJ)	
Tilsiter, 45% Fett i. Tr.	0,1	0	358 (1496)	🟢
→ 1 Scheibe (30 g)	0	0	107 (449)	🟢
Trappistenkäse, 45% Fett i. Tr.	0,1	0	342 (1429)	🟢
→ 1 Scheibe (30 g)	0	0	103 (429)	🟢
Weichkäse m. grünem Pfeffer oder Knoblauch, 60% Fett i. Tr.	0,1	0	366 (1531)	🔴
→ 1 Portion (30 g)	0	0	110 (459)	🔴
Weinkäse, 45% Fett i. Tr.	0,1	0	308 (1290)	🟢
→ 1 Portion (30 g)	0	0	92 (387)	🟢
Weichkäse, 60% Fett i. Tr.	0,1	0	399 (1670)	🔴
→ 1 Portion (30 g)	0,1	0	120 (501)	🔴
Weißlacker, 40% Fett i. Tr.	19,7	1,8	281 (1176)	🟢
→ 1 Portion (30 g)	0,1	0	84 (353)	🟢
Weißlacker, 50% Fett i. Tr.	27	2,5	341 (1425)	🟡
→ 1 Portion (30 g)	0,1	0	102 (428)	🟡
Westlight, 30% Fett i. Tr.	18,5	1,7	271 (1133)	🟢
→ 1 Scheibe (30 g)	0,1	0	81 (340)	🟢
Ziegenkäse, Weichkäse, 45% Fett i. Tr.	21,8	2	280 (1172)	🟢
→ 1 Portion (30 g)	0,1	0	84 (352)	🟢
Ziegenkäse, Schnittkäse, 48% Fett i. Tr.	27	2,5	329 (1378)	🟡
→ 1 Scheibe (30 g)	0,1	0	99 (413)	🟡

Sojaprodukte, z. B. von Alpro soja

	Kohlen-hydrate g	KE-BE	kcal (kJ)	
Drinks: Calcium Light	2,4	0,2	30 (125)	🟢
→ 1 Glas 200 ml	4,8	0,4	60 (250)	🟢
Drinks: Calcium	2,8	0,3	42 (177)	🟡
→ 1 Glas 200 ml	5,6	0,5	84 (354)	🟡
Yofus – Joghurtalternative	2,8	0,3	58 (241)	🟡
→ 1 Portion (125 g)	3,5	0,3	73 (301)	🟡
Desserts: Vanille	12,7	1,2	80 (338)	🟡
→ 1 Portion (125 g)	15,9	1,4	100 (423)	🟡
Desserts: Schoko	13,7	1,2	88 (371)	🟡
→ 1 Portion (125 g)	17,1	1,6	110 (464)	🟡
Sahneersatz (Cusine)	1,5	0,1	168 (694)	🟢
→ 1 EL (15 g)	0,2	0	25 (104)	🟢

Eier, Öle und Fette

	Kohlen-hydrate g	KE-BE	kcal (kJ)	●●●
Eier				
Hühnerei	1	0,1	156 (651)	●
→ 1 Stück (60 g)	0,6	0,1	94 (391)	●
Hühner Eigelb	0	0	353 (1476)	●
→ 1 Stück (20 g)	0	0	71 (295)	●
Hühner Eiklar	1	0,1	46 (193)	●
→ 1 Stück (40 g)	0,4	0	18 (77)	●
Pflanzliche Öle und Fette				
Diätmargarine	0	0	720 (3010)	●
→ 1 EL (10 g)	0	0	72 (301)	●
Diät-Halbfettmargarine	0	0	360 (1505)	●
→ 1 EL (10 g)	0	0	36 (151)	●
Distelöl	0	0	925 (3867)	●
→ 1 EL (10 g)	0	0	93 (387)	●
Kokosfett	0	0	924 (3862)	●
→ 1 EL (10 g)	0	0	92 (386)	●
Leinöl	0	0	925 (3867)	●
→ 1 EL (10 g)	0	0	93 (387)	●
Maiskeimöl	0	0	930 (3887)	●
→ 1 EL (10 g)	0	0	93 (389)	●
Mayonnaise, 80% Fett	0	0	750 (3135)	●
→ 1 EL (20 g)	0	0	150 (627)	●
Olivenöl	0	0	926 (3870)	●
→ 1 EL (10 g)	0	0	93 (387)	●
Palmkernfett	0	0	923 (3858)	●
→ 1 EL (10 g)	0	0	92 (386)	●
Palmöl	0	0	938 (3921)	●
→ 1 EL (10 g)	0	0	94 (392)	●
Pflanzenmargarine	0	0	746 (3118)	●
→ 1 EL (10 g)	0	0	75 (312)	●
Rapsöl	0	0	921 (3850)	●
→ 1 EL (10 g)	0	0	92 (385)	●

	Kohlen-hydrate g	KE-BE	kcal (kJ)	●●●
Remoulade, 50% Fett	1	0,1	488 (2040)	●
→ 1 EL (20 g)	0,2	0	98 (408)	●
Remoulade, 80% Fett	1	0,1	750 (3135)	●
→ 1 EL (20 g)	0,2	0	150 (627)	●
Sojaöl	0	0	917 (3833)	●
→ 1 EL (10 g)	0	0	92 (383)	●
Sonnenblumenöl	0	0	928 (3879)	●
→ 1 EL (10 g)	0	0	93 (388)	●
Traubenkernöl	0	0	925 (3867)	●
→ 1 EL (10 g)	0	0	93 (387)	●
Walnussöl	0	0	925 (3867)	●
→ 1 EL (10 g)	0	0	93 (387)	●
Weizenkeimöl	0	0	925 (3867)	●
→ 1 EL (10 g)	0	0	93 (387)	●
Tierische Fette				
Butter	0	0	773 (3231)	●
→ 1 EL (10 g)	0	0	77 (323)	●
Halbfettbutter	0	0	376 (1572)	●
→ 1 EL (10 g)	0	0	38 (157)	●
Knoblauchbutter	0	0	708 (2960)	●
→ 1 EL (10 g)	0	0	71 (296)	●
Kräuterbutter	0	0	676 (2826)	●
→ 1 EL (10 g)	0	0	68 (283)	●
Butterschmalz	0	0	921 (3850)	●
→ 1 EL (10 g)	0	0	92 (385)	●
Gänseschmalz	0	0	947 (3960)	●
→ 1 EL (10 g)	0	0	95 (396)	●
Rindertalg	0	0	920 (3846)	●
→ 1 EL (10 g)	0	0	92 (385)	●
Schweineschmalz	0	0	948 (3963)	●
→ 1 EL (10 g)	0	0	95 (396)	●

Fleisch, Geflügel und Wurstwaren

	Kohlen-hydrate g	KE-BE	kcal (kJ)	
Fleisch und Innereien				
Ente, mit Haut	0	0	430 (1797)	●
→ 1 Portion (200 g)	0	0	860 (3594)	●
Ente, Brust ohne Haut	0	0	122 (510)	●
→ 1 Stück (300 g)	0	0	366 (1530)	●
Fasan, mit Haut	0	0	213 (890)	●
→ 1 Portion (200 g)	0	0	426 (1780)	●
Gans, mit Haut	0	0	392 (1641)	●
→ 1 Portion (200 g)	0	0	784 (3282)	●
Gänsekeule	0	0	173 (723)	●
→ 1 Portion (200 g)	0	0	346 (1446)	●
Hähnchen, mit Haut	0	0	230 (961)	●
→ 1 Portion (200 g)	0	0	460 (1922)	●
Hähnchenbrust ohne Haut	0	0	112 (470)	●
→ 1 Stück (200 g)	0	0	224 (940)	●
Hähnchenkeule	0	0	113 (472)	●
→ 1 Stück (150 g)	0	0	170 (708)	●
Suppenhuhn, mit Haut	0	0	261 (1092)	●
→ 1 Portion (200 g)	0	0	522 (2184)	●
Geflügelleber	5	0,5	142 (594)	●
→ 1 Portion (150 g)	7,5	0,7	213 (891)	●
Kaninchenfleisch	0	0	124 (518)	●
→ 1 Portion (200 g)	0	0	248 (1036)	●
Kalbfleisch, mager	0	0	101 (422)	●
→ 1 Portion (150 g)	0	0	152 (633)	●
Kalbfleisch, mittelfett	0	0	154 (644)	●
→ 1 Portion (150 g)	0	0	231 (966)	●
Kalbsleber	6	0,5	124 (518)	●
→ 1 Portion (150 g)	9	0,8	186 (777)	●
Kalbsschnitzel	0	0	99 (414)	●
→ 1 Portion (150 g)	0	0	149 (621)	●
Lammfleisch, Gulasch	0	0	314 (1313)	●
→ 1 Portion (150 g)	0	0	471 (1970)	●
Lammkeule	0	0	240 (1003)	●
→ 1 Portion (150 g)	0	0	360 (1505)	●
Lammkotelett	0	0	377 (1576)	●
→ 1 Stück (75 g)	0	0	283 (1182)	●
Pute, mit Haut	0	0	145 (606)	●
→ 1 Portion (200 g)	0	0	290 (1212)	●
Putenbrust, ohne Haut	0	0	115 (481)	●
→ 1 Portion (150 g)	0	0	173 (722)	●
Putenkeule	0	0	124 (518)	●
→ 1 Portion (200 g)	0	0	248 (1036)	●
Rehfleisch, Keule	0	0	106 (443)	●
→ 1 Portion (200 g)	0	0	212 (886)	●
Rehfleisch, Rücken	0	0	132 (552)	●
→ 1 Portion (200 g)	0	0	264 (1104)	●
Rindfleisch, fett	0	0	244 (1020)	●
→ 1 Portion (150 g)	0	0	366 (1530)	●
Rinderfilet	0	0	121 (506)	●
→ 1 Portion (150 g)	0	0	182 (759)	●
Rinderhackfleisch	0	0	166 (694)	●
→ 1 Portion (150 g)	0	0	249 (1041)	●
Rinderleber	6	0,5	121 (506)	●
→ 1 Portion (150 g)	9	0,8	182 (759)	●
Rindfleisch, mager	0	0	106 (443)	●
→ 1 Portion (150 g)	0	0	159 (665)	●
Rindfleisch, mittelfett	0	0	155 (648)	●
→ 1 Portion (150 g)	0	0	233 (972)	●
Tatar (Schabefleisch)	0	0	111 (464)	●
→ 1 Portion (150 g)	0	0	167 (696)	●
Rinderzunge	0	0	221 (927)	●
→ 1 Portion (150 g)	0	0	332 (1391)	●
Hackfleisch, gemischt Rind/Schwein	0	0	173 (723)	●
→ 1 Portion (150 g)	0	0	260 (1085)	●
Schweinefleisch, fett	0	0	325 (1358)	●
→ 1 Portion (150 g)	0	0	488 (2037)	●
Schweinehackfleisch	0	0	180 (753)	●
→ 1 Portion (150 g)	0	0	270 (1130)	●

	Kohlenhydrate g	KE-BE	kcal (kJ)	
Schweinkotelett, mittelfett	0	0	174 (727)	🟠
→ 1 Portion (180 g)	0	0	313 (1309)	🟠
Schweineleber	6	0,5	133 (556)	🔴
→ 1 Portion (150 g)	9	0,8	200 (834)	🔴
Schweinelende, mager	0	0	106 (443)	🟢
→ 1 Portion (150 g)	0	0	159 (665)	🟢
Schweinefleisch, mager	0	0	108 (452)	🟢
→ 1 Portion (150 g)	0	0	162 (678)	🟢
Schweinefleisch, mittelfett	0	0	175 (732)	🟠
→ 1 Portion (150 g)	0	0	263 (1098)	🟠
Schweineniere	0	0	96 (402)	🟢
→ 1 Portion (150 g)	0	0	144 (603)	🟢
Schweineschnitzel, mager	0	0	106 (443)	🟢
→ 1 Portion (150 g)	0	0	159 (665)	🟢
Schweinezunge	0	0	207 (869)	🟢
→ 1 Portion (150 g)	0	0	311 (1304)	🟢

Fleisch- und Wurstgerichte

	Kohlenhydrate g	KE-BE	kcal (kJ)	
Bockwurst	0	0	294 (1229)	🟠
→ 1 Stück (80 g)	0	0	235 (983)	🟠
Bratwurst, fein	0	0	334 (1400)	🔴
→ 1 Stück (120 g)	0	0	401 (1680)	🔴
Bratwurst, grob	0	0	346 (1446)	🔴
→ 1 Stück (120 g)	0	0	415 (1735)	🔴
Brühwürstchen	0	0	253 (1058)	🟠
→ 1 Stück (80 g)	0	0	202 (846)	🟠
Currywurst	0	0	304 (1272)	🔴
→ 1 Stück (120 g)	0	0	365 (1526)	🔴
Fleischkäse, Aufschnitt	0	0	340 (1421)	🔴
→ 1 Scheibe (25 g)	0	0	85 (355)	🔴
Fleischkäse, gebraten	0	0	417 (1743)	🔴
→ 1 Portion (150 g)	0	0	626 (2615)	🔴
Frankfurter Würstchen	0	0	280 (1170)	🟠
→ 1 Stück (80 g)	0	0	224 (936)	🟠
Frikadelle	4	0,4	185 (773)	🟠
→ 1 Portion (150 g)	6	0,5	278 (1160)	🟠

	Kohlenhydrate g	KE-BE	kcal (kJ)	
Weißwurst	0	0	297 (1242)	🟠
→ 1 Stück (60 g)	0	0	178 (745)	🟠
Wiener Würstchen	0	0	313 (1311)	🟠
→ 1 Stück (80 g)	0	0	250 (1049)	🟠
Pfälzer Saumagen	3	0,3	220 (920)	🟠
→ 1 Portion (150 g)	4,5	0,4	330 (1380)	🟠
Cabanossi	0	0	448 (1876)	🔴
→ 1 Wurst (150 g)	0	0	672 (2814)	🔴

Fleisch- und Wurstwaren

	Kohlenhydrate g	KE-BE	kcal (kJ)	
Bierschinken	0	0	180 (752)	🟠
→ 1 Scheibe (25 g)	0	0	45 (188)	🟠
Bierwurst, bayrisch	0	0	282 (1179)	🟠
→ 1 Scheibe (25 g)	0	0	71 (295)	🟠
Blutwurst	0	0	424 (1772)	🔴
→ 1 Scheibe (25 g)	0	0	106 (443)	🔴
Bündner Fleisch	0	0	256 (1070)	🔴
→ 2 Scheiben (10 g)	0	0	26 (107)	🔴
Cervelatwurst	0	0	485 (2027)	🔴
→ 1 Scheibe (20 g)	0	0	97 (405)	🔴
Corned beef	0	0	155 (647)	🟠
→ 1 Scheibe (25 g)	0	0	39 (162)	🟠
Fleischwurst	0	0	316 (1321)	🔴
→ 1 Scheibe (25 g)	0	0	79 (330)	🔴
Geflügelwurst	0	0	265 (1109)	🟠
→ 1 Scheibe (25 g)	0	0	66 (277)	🟠
Gelbwurst	0	0	360 (1505)	🔴
→ 1 Scheibe (25 g)	0	0	90 (376)	🔴
Jagdwurst	0	0	275 (1150)	🟠
→ 1 Scheibe (25 g)	0	0	69 (288)	🟠
Kalbfleischsülze	0	0	92 (394)	🟠
→ 1 Scheibe (25 g)	0	0	23 (99)	🟠
Kasseler Aufschnitt	0	0	273 (1144)	🟠
→ 1 Scheibe (25 g)	0	0	68 (286)	🟠
Katenrauchwurst	0	0	460 (1925)	🔴
→ 1 Scheibe (25 g)	0	0	115 (481)	🔴

	Kohlen-hydrate g	KE-BE	kcal (kJ)	
Knoblauchwurst	0	0	480 (2011)	●
→ 1 Scheibe (25 g)	0	0	120 (503)	●
Lachsschinken	0	0	139 (581)	●
→ 1 Scheibe (10 g)	0	0	14 (58)	●
Landjäger	0	0	505 (2110)	●
→ 1 Stückchen (25 g)	0	0	126 (528)	●
Leberpastete	0,2	0	340 (1421)	●
→ 1 Portion (25 g)	0,1	0	85 (355)	●
Leberwurst, fein	0,2	0	370 (1545)	●
→ 1 Portion (25 g)	0,1	0	93 (386)	●
Leberwurst, grob	0,2	0	378 (1580)	●
→ 1 Portion (25 g)	0,1	0	95 (395)	●
Kalbsleberwurst	0,2	0	390 (1630)	●
→ 1 Portion (25 g)	0,1	0	98 (408)	●
Lyoner	0	0	334 (1399)	●
→ 1 Stückchen (25 g)	0	0	84 (350)	●
Mettwurst, grob	0	0	319 (1333)	●
→ 1 Stückchen (25 g)	0	0	80 (333)	●
Mettwurst, gekocht	0	0	353 (1476)	●
→ 1 Stückchen (25 g)	0	0	88 (369)	●
Mettwurst luftgetrocknet	0	0	424 (1772)	●
→ 1 Stückchen (25 g)	0	0	106 (443)	●
Mettwurst, streichfähig	0	0	395 (1651)	●
→ 1 Stückchen (25 g)	0	0	99 (413)	●
Mortadella	0	0	366 (1530)	●
→ 1 Scheibe (25 g)	0	0	92 (383)	●
Plockwurst	0	0	510 (2132)	●
→ 1 Scheibe (25 g)	0	0	128 (533)	●
Putenbierschinken	0	0	148 (628)	●
→ 1 Scheibe (25 g)	0	0	37 (157)	●
Putenbrust, geräuchert	0	0	115 (483)	●
→ 1 Scheibe (25 g)	0	0	29 (121)	●
Putenfleisch in Champignon-Aspik	0,2	0	94 (398)	●
→ 1 Scheibe (25 g)	0,1	0	24 (100)	●
Puntenschinkenwurst	0	0	195 (819)	●
→ 1 Scheibe (25 g)	0	0	49 (205)	●
Rauchfleisch	0	0	256 (1070)	●
→ 1 Scheibe (10 g)	0	0	26 (107)	●

	Kohlen-hydrate g	KE-BE	kcal (kJ)	
Rotwurst	0	0	381 (1595)	●
→ 1 Scheibe (25 g)	0	0	95 (399)	●
Salami	0	0	425 (1777)	●
→ 1 Scheibe (20 g)	0	0	85 (355)	●
Schinkenplockwurst	0	0	382 (1597)	●
→ 1 Scheibe (20 g)	0	0	76 (319)	●
Schinkenwurst	0	0	428 (1792)	●
→ 1 Scheibe (25 g)	0	0	107 (448)	●
Schwartenmagen	0	0	293 (1225)	●
→ 1 Scheibe (25 g)	0	0	73 (306)	●
Schweineschinken, gekocht	0	0	215 (901)	●
→ 1 Scheibe (40 g)	0	0	86 (360)	●
Schweineschinken, geräuchert	0	0	290 (1212)	●
→ 1 Scheibe (10 g)	0	0	29 (121)	●
Schweinespeck, durchwachsen	0	0	402 (1683)	●
→ 1 Scheibe (25 g)	0	0	101 (421)	●
Schweinespeck, geräuchert	0	0	645 (2700)	●
→ 1 Scheibe (25 g)	0	0	161 (675)	●
Teewurst	0	0	418 (1747)	●
→ 1 Portion (25 g)	0	0	105 (437)	●
Teewurst Rügenwalder Art	0	0	368 (1540)	●
→ 1 Portion (25 g)	0	0	92 (385)	●
Zungenblutwurst	0	0	391 (1638)	●
→ 1 Scheibe (25 g)	0	0	98 (410)	●
Zungenwurst	0	0	332 (1389)	●
→ 1 Scheibe (25 g)	0	0	83 (347)	●

Brotaufstrichpasteten von Tartex

	Kohlen-hydrate g	KE-BE	kcal (kJ)	
Vegetabile Pastete Champignon	6,7	0,6	210 (860)	●
→ 1 Portion (25 g)	1,7	0,2	53 (215)	●
Vegetabile Pastete Delikatess	8,6	0,8	220 (920)	●
→ 1 Portion (25 g)	2,2	0,2	55 (230)	●
Vegetabile Pastete Exquisit	8,7	0,8	281 (1160)	●
→ 1 Portion (25 g)	2,2	0,2	70 (290)	●
Vegetabile Pastete Paprika	8,1	0,7	225 (935)	●
→ 1 Portion (25 g)	2	0,2	56 (234)	●

	Kohlen-hydrate g	KE-BE	kcal (kJ)	
Vegetabile Pastete Knoblauch	9,6	0,9	230 (945)	🟡
→ 1 Portion (25 g)	2,4	0,2	58 (236)	🟡
Vegetabile Pastete Ungarische Art	8,2	0,7	210 (860)	🟡
→ 1 Portion (25 g)	2,1	0,2	53 (215)	🟡
Vegetabile Pastete Winzer	10	0,9	275 (1145)	🟡
→ 1 Portion (25 g)	2,5	0,2	69 (286)	🟡
Vegetabile Pastete Primbella	12,2	1,1	241 (1001)	🟡
→ 1 Portion (25 g)	3,1	0,3	60 (250)	🟡
Vegetabile Pastete Tomabella	11,5	1	217 (902)	🟡
→ 1 Portion (25 g)	2,9	0,3	54 (226)	🟡

	Kohlen-hydrate g	KE-BE	kcal (kJ)	
Vegetabile Pastete Olivera	6,1	0,6	225 (932)	🟡
→ 1 Portion (25 g)	1,5	0,1	56 (233)	🟡
Vegetabile Pastete Grüner Pfeffer	9,7	0,9	230 (954)	🟡
→ 1 Portion (25 g)	2,4	0,2	58 (239)	🟡
Vegetabile Pastete Chili	10,1	0,9	215 (892)	🟡
→ 1 Portion (25 g)	2,5	0,2	54 (223)	🟡
Vegetabile Pastete Champagner-Trüffel	9	0,8	257 (1066)	🟡
→ 1 Portion (25 g)	2,3	0,2	64 (267)	🟡
Vegetabile Pastete Shiitake	7,5	0,7	204 (845)	🟡
→ 1 Portion (25 g)	1,9	0,2	51 (211)	🟡

Fisch, Schalen- und Krustentiere

	Kohlen-hydrate g	KE-BE	kcal (kJ)	
z. B. von „Deutsche See"				
Angaben und Werte von „Deutsche See" GmbH, Bremerhaven				
Aal	0	0	281 (1162)	🔴
→ 1 Portion (150 g)	0	0	422 (1743)	🔴
Barsch	0	0	81 (342)	🟢
→ 1 Portion (150 g)	0	0	122 (513)	🟢
Flunder	0	0	72 (306)	🟢
→ 1 Portion (150 g)	0	0	108 (459)	🟢
Forelle	0	0	103 (433)	🟢
→ 1 Portion (150 g)	0	0	155 (650)	🟢
Hecht	0	0	81 (344)	🟢
→ 1 Portion (150 g)	0	0	122 (516)	🟢
Heilbutt, weiß	0	0	96 (405)	🟢
→ 1 Portion (150 g)	0	0	144 (608)	🟢
Heilbutt, schwarz	0	0	141 (578)	🟡
→ 1 Portion (150 g)	0	0	212 (867)	🟡
Hering, grün (Atlantik)	0	0	233 (968)	🟡
→ 1 Portion (150 g)	0	0	350 (1452)	🟡

	Kohlen-hydrate g	KE-BE	kcal (kJ)	
Kabeljau (Dorsch)	0	0	77 (324)	🟢
→ 1 Portion (150 g)	0	0	116 (486)	🟢
Karpfen	0	0	115 (484)	🟢
→ 1 Portion (150 g)	0	0	173 (726)	🟢
Lachs	0	0	202 (842)	🟡
→ 1 Portion (150 g)	0	0	303 (1263)	🟡
Makrele	0	0	182 (758)	🟡
→ 1 Portion (150 g)	0	0	273 (1137)	🟡
Rotbarsch	0	0	105 (443)	🟢
→ 1 Portion (150 g)	0	0	158 (665)	🟢
Sardelle	0	0	101 (427)	🟢
→ 1 Portion (150 g)	0	0	152 (641)	🟢
Sardine	0	0	118 (498)	🟡
→ 1 Portion (150 g)	0	0	177 (747)	🟡
Schellfisch	0	0	77 (327)	🟢
→ 1 Portion (150 g)	0	0	116 (491)	🟢
Schleie	0	0	77 (328)	🟢
→ 1 Portion (150 g)	0	0	116 (492)	🟢

	Kohlen-hydrate g	KE-BE	kcal (kJ)	
Scholle	0	0	86 (361)	●
→ 1 Portion (150 g)	0	0	129 (542)	●
Seehecht	0	0	92 (386)	●
→ 1 Portion (150 g)	0	0	138 (579)	●
Seelachs (Köhler)	0	0	81 (344)	●
→ 1 Portion (150 g)	0	0	122 (516)	●
Seezunge	0	0	82 (348)	●
→ 1 Portion (150 g)	0	0	123 (522)	●
Thunfisch	0	0	226 (939)	●
→ 1 Portion (150 g)	0	0	339 (1409)	●
Zander	0	0	83 (353)	●
→ 1 Portion (150 g)	0	0	125 (530)	●
Aal, geräuchert	0	0	329 (1363)	●
→ 1 kleines Stück (100 g)	0	0	329 (1363)	●
Fischstäbchen	16	1,5	210 (878)	●
→ 1 Portion (200 g)	32	2,9	420 (1756)	●
Forellenfilet, geräuchert	0	0	188 (787)	●
→ 1 Stück (100 g)	0	0	188 (787)	●
Hering (Ostsee)	0	0	155 (646)	●
→ 1 Portion (150 g)	0	0	233 (969)	●
Hering, mariniert	1	0,1	210 (873)	●
→ 1 Portion (150 g)	1,5	0,1	315 (1310)	●
Brathering	2	0,2	204 (848)	●
→ 1 Portion (150 g)	3	0,3	306 (1272)	●
Matjeshering	0	0	267 (1108)	●
→ 1 Portion (150 g)	0	0	401 (1662)	●
Heringfilets in Tomatensauce	4	0,4	206 (861)	●
→ 1 Portion (200 g)	8	0,7	412 (1722)	●
Rollmops	1	0,1	216 (903)	●
→ 1 Portion (150 g)	1,5	0,1	324 (1355)	●
Heringssalat	4	0,4	245 (1024)	●
→ 1 Portion (200 g)	8	0,7	490 (2048)	●
Heringsstipp	4	0,4	285 (1190)	●
→ 1 Portion (200 g)	8	0,7	570 (2380)	●
Kabeljaufilet, paniert	16	1,5	222 (928)	●
→ 1 Portion (200 g)	32	2,9	444 (1856)	●
Kaviar-Ersatz	0	0	114 (477)	●
→ 2–3 EL (50 g)	0	0	57 (239)	●

	Kohlen-hydrate g	KE-BE	kcal (kJ)	
Lachs, geräuchert	0	0	145 (606)	●
→ 1 kleines Stück (100 g)	0	0	145 (606)	●
Makrele, geräuchert	0	0	222 (925)	●
→ 1 kleine Portion (100 g)	0	0	222 (925)	●
Sardelle, gesalzen	0	0	100 (418)	●
→ 1 Portion (150 g)	0	0	150 (627)	●
Sardine in Öl	0	0	222 (924)	●
→ 1 kleine Portion (100 g)	0	0	222 (924)	●
Schillerlocken	0	0	302 (1254)	●
→ 1 kleines Stück (100 g)	0	0	302 (1254)	●
Scholle, paniert	16	1,5	287 (1200)	●
→ 1 Portion (200 g)	32	2,9	574 (2400)	●
Seelachs in Öl (Lachsersatz)	0	0	150 (628)	●
→ 1 kleine Portion (100 g)	0	0	150 (628)	●
Seelachsfilet, paniert	16	1,5	169 (706)	●
→ 1 Portion (200 g)	32	2,9	338 (1412)	●
Sprotte	0	0	216 (898)	●
→ 1 kleine Portion (100 g)	0	0	216 (898)	●
Tintenfisch, paniert	0	0	314 (1313)	●
→ 1 Portion (200 g)	0	0	628 (2626)	●
Auster, ausgelöst (essbarer Anteil)	4	0,4	66 (279)	●
→ 5–6 Stück (200 g)	8	0,7	132 (558)	●
Hummer, ausgelöst	0	0	81 (341)	●
→ 1 Portion (200 g)	0	0	162 (682)	●
Krabben, frisch	0	0	105 (441)	●
→ 1 Portion (100 g)	0	0	105 (441)	●
Languste, Scampi	0	0	84 (355)	●
→ 1 Portion (100 g)	0	0	84 (355)	●
Miesmuschel, ausgelöst	3	0,3	68 (286)	●
→ 1 Portion (200 g)	6	0,5	136 (572)	●
Nordseegarnele, ausgelöst	0	0	87 (369)	●
→ 1 Portion (100 g)	0	0	87 (369)	●
Shrimps, ausgelöst	0	0	73 (305)	●
→ 1 Portion (100 g)	0	0	73 (305)	●
Tiefseegarnele (Dose)	0	0	94 (393)	●
→ 1 Portion (100 g)	0	0	94 (393)	●
Tintenfisch	0	0	73 (307)	●
→ 1 Portion (150 g)	0	0	110 (461)	●

Fertiggerichte und Würzmittel

	Kohlen-hydrate g	KE-BE	kcal (kJ)	
Essig, saures Gemüse & Co, z. B. von Kühne				
Aceto Balsamico di Modena	23	2,1	113 (471)	●
→ 1 EL (10 g)	2,3	0,2	11 (47)	●
Condimento Balsamico bianco	21,5	2	107 (448)	●
→ 1 EL (10 g)	2,2	0,2	11 (45)	●
Condimento Balsamico rosso	23,5	2,1	112 (477)	●
→ 1 EL (10 g)	2,4	0,2	11 (48)	●
Feiner Weißwein-Essig	0,7	0,1	24 (100)	●
→ 1 EL (10 g)	0,1	0	2 (10)	●
Rotwein-Essig	1	0,1	22 (90)	●
→ 1 EL (10 g)	0,1	0	2 (9)	●
Kräuter-Essig	0	0	17 (72)	●
→ 1 EL (10 g)	0	0	2 (7)	●
Condimento Balsamico verde	21	1,9	100 (427)	●
→ 1 EL (10 g)	2,1	0,2	10 (43)	●
Condimento Balsamico Sherry	21,2	1,9	103 (429)	●
→ 1 EL (10 g)	2,1	0,2	10 (43)	●
Condimento Balsamico Basilikum	25	2,3	118 (494)	●
→ 1 EL (10 g)	2,5	0,2	12 (49)	●
Condimento Balsamico Honig	25	2,3	118 (496)	●
→ 1 EL (10 g)	2,5	0,2	12 (50)	●
Feine Gürkchen, pikant-würzig	13,2	1,2	66 (279)	●
→ 2 Stück (10 g)	1,3	0,1	7 (28)	●
Rote Bete Kugeln	14	1,3	62 (262)	●
→ 1 Stück (50 g)	7	0,6	31 (131)	●
Mildwürzige Gürkchen	13,4	1,2	63 (266)	●
→ 2 Stück (10 g)	1,3	0,1	6 (27)	●
Scharfe Gürkchen, feurig-würzig	11,2	1	54 (229)	●
→ 2 Stück (10 g)	1,1	0,1	5 (23)	●
Süße Gürkchen, mild-würzig	12,7	1,2	60 (254)	●
→ 2 Stück (10 g)	1,3	0,1	6 (25)	●
Silberzwiebeln	9,5	0,9	48 (202)	●
→ 3–4 Stück (10 g)	1	0,1	5 (20)	●
Mixed Pickles	6,7	0,6	33 (140)	●
→ 3–4 Stück (10 g)	0,7	0,1	3 (14)	●

	Kohlen-hydrate g	KE-BE	kcal (kJ)	
Paprika in Streifen	6,8	0,6	33 (140)	●
→ 3 Streifen (10 g)	0,7	0,1	3 (14)	●
Maiskölbchen	7,5	0,7	41 (173)	●
→ 1 Stück (10 g)	0,8	0,1	4 (17)	●
Peperoni, feurigscharf	5	0,5	44 (186)	●
→ 3 Stück (10 g)	0,5	0	4 (19)	●
Peperoni, mild	9	0,8	60 (254)	●
→ 3 Stück (10 g)	0,9	0,1	6 (25)	●
Kürbis, Stückchen	21,2	1,9	90 (381)	●
→ 3 Stückchen (10 g)	2,1	0,2	9 (38)	●
Rote Beete, Scheiben	11,8	1,1	53 (225)	●
→ 2–3 Scheiben (10 g)	1,2	0,1	5 (23)	●
Rotkohl	11	1	52 (222)	●
→ 1 Portion (200 g)	22	2	104 (444)	●
Apfelrotkohl	11	1	53 (225)	●
→ 1 Portion (200 g)	22	2	106 (450)	●
Grünkohl, nach Oldenburger Art	4,3	0,4	36 (152)	●
→ 1 Portion (200 g)	8,6	0,8	72 (304)	●
Sauerkraut, Ananasweinkraut	6,5	0,6	34 (144)	●
→ 1 Portion (200 g)	13	1,2	68 (288)	●
Sauerkraut, Weinkraut	4,5	0,4	26 (110)	●
→ 1 Portion (200 g)	9	0,8	52 (220)	●
Aus der Dose, z. B. MAGGI EIN TELLER				
Bauerntopf	8,4	0,8	85 (355)	●
→ 1 Dose (325 g)	27,3	2,5	276 (1154)	●
Chili Con Carne	13,2	1,2	97 (410)	●
→ 1 Dose (325 g)	42,9	3,9	315 (1333)	●
Erbsentopf mit Speck	8	0,7	92 (386)	●
→ 1 Dose (340 g)	27,2	2,5	313 (1312)	●
Grüner Bohnentopf mit Rindfleisch	4,7	0,4	33 (138)	●
→ 1 Dose (325 g)	15,3	1,4	107 (449)	●
Gulaschtopf mit Kartoffeln	5,8	0,5	68 (285)	●
→ 1 Dose (315 g)	18,3	1,7	214 (898)	●

	Kohlen-hydrate g	KE-BE	kcal (kJ)	●
Kartoffeltopf	8,2	0,7	62 (259)	🟡
→ 1 Dose (325 g)	26,7	2,4	202 (842)	🟡
Linsentopf mit Speck	8,4	0,8	76 (320)	🟢
→ 1 Dose (330 g)	27,7	2,5	251 (1056)	🟢
Nudeltopf mit Fleischklößchen	5,5	0,5	50 (209)	🟡
→ 1 Dose (325 g)	17,9	1,6	163 (681)	🟡
Nudeltopf mit Huhn	6,9	0,6	92 (384)	🔴
→ 1 Dose (325 g)	22,4	2	299 (1248)	🔴
Ravioli „Bolognese"	10,9	1	87 (365)	🟡
→ 1 Dose (340 g)	37,1	3,4	296 (1241)	🟡
Reistopf mit Huhn	7	0,6	73 (306)	🔴
→ 1 Dose (325 g)	22,8	2,1	237 (995)	🔴

Salatsaucenpulver z. B. von Maggi

	Kohlen-hydrate g	KE-BE	kcal (kJ)	●
Salat mit Pfiff „Dill Petersilie"	44,4	4	203 (861)	🟢
→ 1 Beutel (8 g)	3,6	0,3	16 (69)	🟢
Salat mit Pfiff „Gartenkräuter"	43,3	3,9	213 (902)	🟢
→ 1 Beutel (8 g)	3,5	0,3	17 (72)	🟢
Salat mit Pfiff „Italienische Art"	46,6	4,2	229 (970)	🟢
→ 1 Beutel (8 g)	3,7	0,3	18 (78)	🟢
Salat mit Pfiff „Joghurt Kräuter"	53,6	4,9	254 (1080)	🟢
→ 1 Beutel (8 g)	4,3	0,4	20 (86)	🟢
Salat mit Pfiff „Kräuter Paprika"	47,3	4,3	229 (973)	🟢
→ 1 Beutel (8 g)	3,8	0,3	18 (78)	🟢

Würzsaucen z. B. von Maggi

	Kohlen-hydrate g	KE-BE	kcal (kJ)	●
MAGGI Würze (Tischflasche)	6,4	0,6	68 (289)	🟢
→ 1 TL (5 g)	0,3	0	3 (14)	🟢
Würzpaste Asia-Pfanne „Curry-Ingwer"	25	2,3	250 (1045)	🟢
→ 1 EL (10 g)	2,5	0,2	25 (105)	🟢
Würzpaste China-Pfanne „Sesam-Honig"	52,6	4,8	345 (1452)	🟢
→ 1 EL (10 g)	5,3	0,5	35 (145)	🟢
Würzpaste Malay-Pfanne „Hot Chili"	22,7	2,1	233 (974)	🟢
→ 1 EL (10 g)	2,3	0,2	23 (97)	🟢
Würzpaste Thai-Pfanne „Zitronengras"	21,8	2	221 (922)	🟢
→ 1 EL (10 g)	2,2	0,2	22 (92)	🟢

	Kohlen-hydrate g	KE-BE	kcal (kJ)	●
Würzsauce Magic Asia	28,7	2,6	119 (504)	🟢
→ 1 EL (10 g)	2,9	0,3	12 (50)	🟢
Würzsauce Texicana Salsa	22,2	2	97 (413)	🟢
→ 1 EL (10 g)	2,2	0,2	10 (41)	🟢

Tütensuppen z. B. von Maggi

	Kohlen-hydrate g	KE-BE	kcal (kJ)	●
Bauernsuppe mit geröstetem Grieß	51,3	4,7	303 (1280)	🟢
→ 1 küchenfertige Port. (250 ml)	7,8	0,7	46 (195)	🟢
Broccolisuppe	48,4	4,4	407 (1705)	🟢
→ 1 küchenfertige Port. (250 ml)	8,7	0,8	73 (307)	🟢
Buchstabensuppe	67,2	6,1	347 (1471)	🟢
→ 1 küchenfertige Port. (250 ml)	17,6	1,6	95 (405)	🟢
Champignoncremesuppe	54,6	5	375 (1578)	🟢
→ 1 küchenfertige Port. (250 ml)	9,1	0,8	63 (264)	🟢
Eiermuschelsuppe	52,9	4,8	319 (1347)	🔴
→ 1 küchenfertige Port. (250 ml)	7,5	0,7	47 (200)	🔴
Fleischklößchensuppe	52,9	4,8	335 (1416)	🟡
→ 1 küchenfertige Port. (250 ml)	8,1	0,7	51 (216)	🟡
Frühlingssuppe	53,9	4,9	335 (1415)	🟡
→ 1 küchenfertige Port. (250 ml)	9	0,8	56 (237)	🟡
Gespenstersuppe	64,9	5,9	325 (1379)	🟢
→ 1 küchenfertige Port. (250 ml)	20,9	1,9	103 (436)	🟢
Grießklößchensuppe	46,2	4,2	373 (1568)	🟢
→ 1 küchenfertige Port. (250 ml)	6,6	0,6	53 (223)	🟢
Hochzeitssuppe	50,8	4,6	322 (1358)	🟡
→ 1 küchenfertige Port. (250 ml)	7,9	0,7	50 (210)	🟡
Hühnersuppe	59,2	5,4	317 (1345)	🟡
→ 1 küchenfertige Port. (250 ml)	10,4	0,9	55 (235)	🟡
Hühnersuppe mit Tierfiguren	62,3	5,7	348 (1476)	🟢
→ 1 küchenfertige Port. (250 ml)	17,6	1,6	93 (395)	🟢
Ochsenschwanzsuppe	43,5	4	416 (1742)	🟡
→ 1 küchenfertige Port. (250 ml)	8,7	0,8	83 (348)	🟡
Rindfleischsuppe	62,9	5,7	340 (1437)	🟢
→ 1 küchenfertige Port. (250 ml)	13,4	1,2	72 (306)	🟢
Spargelcremesuppe	57,8	5,3	373 (1572)	🟡
→ 1 küchenfertige Port. (250 ml)	10,8	1	72 (302)	🟡
Tomatencremesuppe	64	5,8	339 (1434)	🟡
→ 1 küchenfertige Port. (250 ml)	14	1,3	74 (315)	🟡

	Kohlen-hydrate g	KE-BE	kcal (kJ)	●●●

Maggi 5 Minuten Terrine

	Kohlen-hydrate g	KE-BE	kcal (kJ)	
Spaghetti in Käse-Sahne Sauce	55,9	5,1	448 (1881)	●
→ 1 Becher (230 g) angerührt	34,7	3,2	278 (1166)	●
Broccoli-Nudeltopf	59,7	5,4	391 (1646)	●
→ 1 Becher (245 g) angerührt	30,4	2,8	199 (840)	●
Terrine Chili con Carne	47,1	4,3	380 (1599)	●
→ 1 Becher (245 g) angerührt	28,7	2,6	232 (975)	●
Feiner Nudeltopf mit grünem Spargel	66,2	6	359 (1520)	●
→ 1 Becher (260 g) angerührt	36,4	3,3	197 (836)	●
Gulaschtopf	55,6	5,1	382 (1603)	●
→ 1 Becher (240 g) angerührt	33,9	3,1	233 (982)	●
Hot Chili	63,1	5,7	383 (1618)	●
→ 1 Becher (255 g) angerührt	40,4	3,7	245 (1036)	●
Hühner-Nudeltopf	60	5,5	359 (1518)	●
→ 1 Becher (255 g) angerührt	25,8	2,3	154 (653)	●
Kartoffelbrei Crème fraîche	47,7	4,3	476 (1989)	●
→ 1 Becher (200 g) angerührt	24,8	2,3	248 (1034)	●
Kartoffelbrei mit Blattspinat	53,1	4,8	418 (1752)	●
→ 1 Becher (220 g) angerührt	27,1	2,5	213 (894)	●
Kartoffelbrei mit Fleischklößchen	50,9	4,6	417 (1750)	●
→ 1 Becher (220 g) angerührt	24,9	2,3	204 (858)	●
Kartoffelbrei mit Röstzwiebeln und Croutons	52,7	4,8	462 (1934)	●
→ 1 Becher (220 g) angerührt	31,1	2,8	273 (1141)	●
Maccaroncini Tomaten-BBQ-Sauce	68,5	6,2	339 (1437)	●
→ 1 Becher (235 g) angerührt	41,1	3,7	203 (862)	●
Nudeln in Lachs-Sahnesauce	61,5	5,6	415 (1746)	●
→ 1 Becher (240 g) angerührt	36,3	3,3	245 (1030)	●
Nudeln in Paprika-Rahmsauce	60,2	5,5	443 (1862)	●
→ 1 Becher (230 g) angerührt	36,3	3,3	261 (1099)	●
Nudeln in Pfeffer-Rahmsauce	56,7	5,2	426 (1790)	●
→ 1 Becher (250 g) angerührt	35,7	3,2	268 (1128)	●
Nudeln in Rahmsauce	56,3	5,1	438 (1841)	●
→ 1 Becher (245 g) angerührt	35,5	3,2	276 (1159)	●
Nudeln in Tomate-Mozzarella-Sauce	63,1	5,7	388 (1636)	●
→ 1 Becher (250 g) angerührt	36	3,3	221 (933)	●
Nudeln in Waldpilzrahmsauce	54,3	4,9	447 (1875)	●
→ 1 Becher (260 g) angerührt	33,1	3	273 (1143)	●

	Kohlen-hydrate g	KE-BE	kcal (kJ)	
Spaghetti Bolognese	56,9	5,2	402 (1689)	●
→ 1 Becher (250 g) angerührt	35,3	3,2	249 (1048)	●
Spaghetti in Tomatensauce	61,7	5,6	373 (1575)	●
→ 1 Becher (250 g) angerührt	38,3	3,5	231 (976)	●
Spaghetti in cremiger Schinkensauce	51,9	4,7	467 (1955)	●
→ 1 Becher (250 g) angerührt	33,2	3	299 (1251)	●
Tagliatelle in Bärlauch-Sauce	58,8	5,3	416 (1747)	●
→ 1 Becher (240 g) angerührt	31,8	2,9	225 (225)	●

Pizzen und Bistrobaguette

	Kohlen-hydrate g	KE-BE	kcal (kJ)	
Pizza Calzone Speciale	22	2	257 (1073)	●
→ 1 Pizza	63,8	5,8	745 (3112)	●
Pizza Funghi	22,7	2,1	233 (974)	●
→ 1 Pizza	82,9	7,5	850 (3555)	●
Pizza Hawaii	25,4	2,3	214 (898)	●
→ 1 Pizza	90,2	8,2	760 (3188)	●
Pizza Mozzarella	24	2,2	272 (1139)	●
→ 1 Pizza	80,4	7,3	911 (3816)	●
Pizza Pasta	27,9	2,5	223 (936)	●
→ 1 Pizza	114,4	10,4	914 (3838)	●
Pizza Pepperoni-Salame	25,5	2,3	268 (1123)	●
→ 1 Pizza	81,6	7,4	858 (3594)	●
Pizza Pollo	23,3	2,1	212 (889)	●
→ 1 Pizza	82,7	7,5	753 (3156)	●
Pizza Pomodori	23,9	2,2	214 (898)	●
→ 1 Pizza	82,5	7,5	738 (3098)	●
Pizza Prosciutto	24	2,2	228 (956)	●
→ 1 Pizza	79,2	7,2	752 (3155)	●
Pizza Quattro Formaggi	23,9	2,2	266 (1112)	●
→ 1 Pizza	81,3	7,4	904 (3781)	●
Pizza Quattro Stagioni	22,3	2	225 (943)	●
→ 1 Pizza	82,5	7,5	833 (3489)	●
Pizza Salami	26,2	2,4	273 (1144)	●
→ 1 Pizza	83,8	7,6	874 (3661)	●
Pizza Speciale	23,1	2,1	251 (1049)	●
→ 1 Pizza	76,2	6,9	828 (3462)	●

	Kohlen-hydrate g	KE-BE	kcal (kJ)	
Pizza Spinaci	21,4	1,9	220 (919)	🔴
→ 1 Pizza	83,5	7,6	858 (3584)	🔴
Pizza Tonno	24	2,2	266 (1113)	🔴
→ 1 Pizza	85,2	7,7	944 (3951)	🔴
Pizza Calabrese Salame	24,9	2,3	256 (1071)	🔴
→ 1 Pizza	82,2	7,5	845 (3534)	🔴
Pizza Vegetale	22	2	197 (826)	🟡
→ 1 Pizza	84,7	7,7	758 (3180)	🟡
Baguette Salami à la Lyonnaise	27,9	2,5	239 (1001)	🔴
→ 1 Baguette	34,9	3,2	299 (1251)	🔴
Baguette Jambon-Fromage	27,9	2,5	258 (1081)	🔴
→ 1 Baguette	34,9	3,2	323 (1351)	🔴
Baguette Champignons à la Normande	27,5	2,5	224 (938)	🟡
→ 1 Baguette	34,4	3,1	280 (1173)	🟡
Baguette Bolognese	28,4	2,6	211 (888)	🟡
→ 1 Baguette	35,5	3,2	264 (1110)	🟡

	Kohlen-hydrate g	KE-BE	kcal (kJ)	
Baguette Tomate-Fromage	27,9	2,5	231 (967)	🔴
→ 1 Baguette	34,9	3,2	289 (1209)	🔴
Baguette Thon à la Niçoise	28,1	2,6	238 (999)	🔴
→ 1 Baguette	35,1	3,2	298 (1249)	🔴
Baguette Diavolo	27,9	2,5	231 (971)	🟡
→ 1 Baguette	34,9	3,2	289 (1214)	🟡
Baguette Hawaii	30,1	2,7	213 (895)	🟡
→ 1 Baguette	37,6	3,4	266 (1119)	🟡
Gourmet Baguette Provence	27,2	2,5	273 (1142)	🔴
→ 1 Baguette	34	3,1	341 (1428)	🔴
Gourmet Baguette Scumon á la florentine	27,4	2,5	230 (965)	🟡
→ 1 Baguette	34,3	3,1	288 (1206)	🟡
Gourmet Baguette Coq au Vin	27,1	2,5	233 (976)	🔴
→ 1 Baguette	33,9	3,1	291 (1220)	🔴

Getränke

Getränke, alkoholfrei

	Kohlen-hydrate g	KE-BE	kcal (kJ)	
Acerolasaft	4	0,4	22 (92)	🟢
→ 1 Glas (200 ml)	8	0,7	44 (184)	🟢
ACE-Erfrischungsgetränk	12	1,1	50 (213)	🟢
→ 1 Glas (200 ml)	24	2,2	100 (426)	🟢
Ananassaft	13	1,2	56 (235)	🟢
→ 1 Glas (200 ml)	26	2,4	112 (470)	🟢
Apfelsaft	12	1,1	47 (196)	🟢
→ 1 Glas (200 ml)	24	2,2	94 (392)	🟢
Apfelfruchtsaftgetränk	15	1,4	47 (196)	🟢
→ 1 Glas (200 ml)	30	2,7	94 (392)	🟢
Bitter Lemon	8	0,7	49 (205)	🟢
→ 1 Glas (200 ml)	16	1,5	98 (410)	🟢

	Kohlen-hydrate g	KE-BE	kcal (kJ)	
Blutorangendrink	12	1,1	56 (238)	🟢
→ 1 Glas (200 ml)	24	2,2	112 (476)	🟢
Colagetränke	10	0,9	46 (192)	🟢
→ 1 Glas (200 ml)	20	1,8	92 (384)	🟢
Cola-Mixgetränke, alkoholfrei	10	0,9	45 (188)	🟢
→ 1 Glas (200 ml)	20	1,8	90 (376)	🟢
Eistee	8	0,7	30 (126)	🟢
→ 1 Glas (200 ml)	16	1,5	60 (252)	🟢
Gemüsesaft	4	0,4	17 (71)	🟢
→ 1 Glas (200 ml)	8	0,7	34 (142)	🟢
Ginger Ale	6	0,5	35 (147)	🟢
→ 1 Glas (200 ml)	12	1,1	70 (294)	🟢

	Kohlenhydrate g	KE-BE	kcal (kJ)	
Grapefruitsaft	9	0,8	48 (201)	●
→ 1 Glas (200 ml)	18	1,6	96 (402)	●
Johannisbeernektar	12	1,1	54 (223)	●
→ 1 Glas (200 ml)	24	2,2	108 (446)	●
Kirschsaft	9	0,8	41 (172)	●
→ 1 Glas (200 ml)	18	1,6	82 (344)	●
Limonade	11	1	49 (205)	●
→ 1 Glas (200 ml)	22	2	98 (410)	●
Mineralwasser	0	0	0 (0)	●
→ 1 Glas (200 ml)	0	0	0 (0)	●
Möhrensaft	5	0,5	27 (113)	●
→ 1 Glas (200 ml)	10	0,9	54 (226)	●
Multivitamindrink	10	0,9	55 (234)	●
→ 1 Glas (200 ml)	20	1,8	110 (468)	●
Multivitamin-Nektar	10	0,9	47 (196)	●
→ 1 Glas (200 ml)	20	1,8	94 (392)	●
Orangennektar	10	0,9	45 (188)	●
→ 1 Glas (200 ml)	20	1,8	90 (376)	●
Orangensaft	8	0,7	45 (188)	●
→ 1 Glas (200 ml)	16	1,5	90 (376)	●
Rote-Bete-Saft	8	0,7	40 (168)	●
→ 1 Glas (200 ml)	16	1,5	80 (336)	●
Sauerkirschnektar	13	1,2	57 (240)	●
→ 1 Glas (200 ml)	26	2,4	114 (480)	●
Sauerkrautsaft	3	0,3	12 (50)	●
→ 1 Glas (200 ml)	6	0,5	24 (100)	●
Tomatensaft	4	0,4	17 (71)	●
→ 1 Glas (200 ml)	8	0,7	34 (142)	●
Tonic Water	6	0,5	37 (155)	●
→ 1 Glas (200 ml)	12	1,1	74 (310)	●
Traubensaft	16	1,5	69 (288)	●
→ 1 Glas (200 ml)	32	2,9	138 (576)	●
Trinkwasser	0	0	0 (0)	●
→ 1 Glas (200 ml)	0	0	0 (0)	●
Zitronensaft	8	0,7	35 (147)	●
→ 1 Glas (200 ml)	16	1,5	70 (294)	●
Zitronenlimonade, klar	7	0,6	32 (134)	●
→ 1 Glas (200 ml)	14	1,3	64 (268)	●

Warme Getränke

	Kohlenhydrate g	KE-BE	kcal (kJ)	
Nescafé Classic	36	3,3	49 (206)	●
→ 1 Tasse (150 ml)	0,7	0,1	1 (4)	●
Nescafé Classic entkoffeiniert	36	3,3	49 (206)	●
→ 1 Tasse (150 ml)	0,7	0,1	1 (4)	●
Nescafé Dolce Gusto Caffè Lungo	36	3,3	49 (206)	●
→ 1 Tasse (150 ml)	0,6	0,1	1 (4)	●
Nescafé Dolce Gusto Espresso	36	3,3	49 (206)	●
→ 1 Tasse (150 ml)	0,6	0,1	0 (1)	●
Nescafé Gold	36	3,3	49 (206)	●
→ 1 Tasse (150 ml)	0,7	0,1	1 (4)	●
Nescafé Gold entkoffeiniert	36	3,3	49 (206)	●
→ 1 Tasse (150 ml)	0,7	0,1	1 (4)	●
Nescafé Gold mild	36	3,3	49 (206)	●
→ 1 Tasse (150 ml)	0,7	0,1	1 (4)	●
Nescafé Typ Espresso	36	3,3	49 (206)	●
→ 1 Tasse (150 ml)	0,6	0,1	1 (4)	●
Nescafé Unser Bester	36	3,3	49 (206)	●
→ 1 Tasse (150 ml)	0,7	0,1	1 (4)	●
Nescafé Dolce Gusto Cappuc. Ice	64,3	5,8	411 (1718)	●
→ 1 Tasse (240 ml)	17,4	1,6	111 (464)	●
Nescafé Dolce Gusto Cappuccino	50,4	4,6	444 (1856)	●
→ 1 Tasse (250 ml)	9,6	0,9	84 (352)	●
Nescafé Dolce Gusto Latte Macch.	46,9	4,3	461 (1927)	●
→ 1 Tasse (225 ml)	9,1	0,8	89 (374)	●
Nescafé Typ Café au lait	43,9	4	437 (1829)	●
→ 1 Tasse (150 ml)	5,2	0,5	51 (215)	●
Nescafé Typ Cappuccino Classico	59,6	5,4	433 (1820)	●
→ 1 Tasse (150 ml)	7,4	0,7	54 (228)	●
Nescafé Typ Cappuccino International Choco	68,2	6,2	422 (1779)	●
→ 1 Tasse (120 ml)	9,5	0,9	59 (249)	●
Nescafé Typ Cappuccino International Crema Latte	68,4	6,2	439 (1849)	●
→ 1 Tasse (120 ml)	9,6	0,9	61 (259)	●
Nescafé Typ Cappuccino International Vanilla	68,1	6,2	439 (1848)	●
→ 1 Tasse (120 ml)	9,5	0,9	61 (259)	●

	Kohlen-hydrate g	KE-BE	kcal (kJ)	
Nescafé Typ Cappuccino cremig zart	60,3	5,5	444 (1859)	🟡
→ 1 Tasse (150 ml)	8,4	0,8	62 (260)	🟡
Nescafé Typ Cappuccino entkoff.	62,6	5,7	428 (1792)	🟡
→ 1 Tasse (150 ml)	7,8	0,7	54 (224)	🟡
Nescafé Typ Cappuccino ungesüßt	47,3	4,3	464 (1941)	🟡
→ 1 Tasse (150 ml)	5,9	0,5	58 (243)	🟡
Nescafé Typ Espresso Macchiato	64,2	5,8	359 (1520)	🟡
→ 1 Tasse (150 ml)	4,7	0,4	26 (111)	🟡
Nescafé Typ Latte Macchiato	45,7	4,2	498 (2082)	🟡
→ 1 Glas (200 ml)	8,2	0,7	90 (370)	🟡
Nescafé Typ Latte Macchiato iced	75,7	6,9	382 (1600)	🟡
→ 1 Glas (200 ml)	17,4	1,6	88 (368)	🟡
Nescafé Typ Latte Macchiato leicht gesüßt	54,6	5	474 (1981)	🔴
→ 1 Glas (200 ml)	9,8	0,9	85 (357)	🔴
Nescafé Typ Wiener Melange	66,6	6,1	418 (1750)	🟡
→ 1 Tasse (150 ml)	12	1,1	75 (315)	🟡
Nescafé frappé Typ Eiskaffee	89	8,1	361 (1535)	🔴
→ 1 Glas (200 ml), zubereitet mit Vollmilch	21,9	2	181 (755)	🔴
Nescafé frappé Typ Piña Colada	91,9	8,4	370 (1572)	🔴
→ 1 Glas (200 ml), zubereitet mit Vollmilch	22,5	2	148 (620)	🔴
Caro Choco	65,1	5,9	436 (1833)	🟡
→ 1 Tasse (120 ml)	12,6	1,1	83 (348)	🟡
Caro Extra	60	5,5	267 (1133)	🟢
→ 1 Tasse (150 ml)	1,8	0,2	8 (34)	🟢
Caro Orginal	82,6	7,5	352 (1494)	🟢
→ 1 Tasse (150 ml)	1,7	0,2	7 (30)	🟢
Caro Typ Honig	68,8	6,3	432 (1816)	🟢
→ 1 Tasse (150 ml)	8,6	0,8	54 (227)	🟢
Caro Typ Latte	56	5,1	456 (1896)	🟢
→ 1 Tasse (150 ml)	7	0,6	57 (237)	🟢
Chococino	67,3	6,1	447 (1881)	🟡
→ 1 Tasse (110 ml)	14,8	1,3	98 (414)	🟡
Feinste heiße Schokolade	68,8	6,3	371 (1567)	🔴
→ 1 Tasse (150 ml), zubereitet mit Vollmilch	17,4	1,6	154 (640)	🔴

	Kohlen-hydrate g	KE-BE	kcal (kJ)	
Lion Typ Choco-Caramel-Drink	79,5	7,2	364 (1542)	🟡
→ 1 Glas (200 ml), zubereitet mit fettarmer Milch	25,5	2,3	169 (708)	🟡
Nescafé Dolce Gusto Chococino	58,6	5,3	437 (1830)	🔴
→ 1 Tasse (150 ml)	19,8	1,8	147 (618)	🔴
Nesquik	79,6	7,2	363 (1537)	🟢
→ 1 Glas (200 ml), zubereitet mit fettarmer Milch	25,5	2,3	169 (707)	🟢
Nesquik Calci-N	77,7	7,1	359 (1522)	🟢
→ 1 Glas (150 ml), zubereitet mit Vollmilch	18,7	1,7	152 (633)	🟡
Nesquik Typ Erdbeer-Joghurt	92,4	8,4	374 (1589)	🟢
→ 1 Glas (200 ml), zubereitet mit fettarmer Milch	28,1	2,6	171 (718)	🟢
Nesquik Typ Vanille-Joghurt	92,1	8,4	374 (1590)	🟢
→ 1 Glas (200 ml), zubereitet mit fettarmer Milch	28	2,5	171 (718)	🟢
Nesquik Zucker-reduziert	78,2	7,1	360 (1526)	🟢
→ 1 Glas (200 ml), zubereitet mit fettarmer Milch	25,2	2,3	168 (705)	🟢
Früchtetee	0	0	1 (4)	🟢
→ 1 Tasse (150 ml)	0	0	2 (6)	🟢
Grüner Tee	0	0	0 (0)	🟢
→ 1 Tasse (150 ml)	0	0	0 (0)	🟢
Kräutertee	0	0	0 (0)	🟢
→ 1 Tasse (150 ml)	0	0	0 (0)	🟢
Schwarzer Tee	0	0	0 (0)	🟢
→ 1 Tasse (150 ml)	0	0	0 (0)	🟢

Alkoholische Getränke

Bier

	Kohlen-hydrate g	KE-BE	kcal (kJ)	
Altbier	4	A	44 (184)	🟢
→ 1 Glas (200 ml)	8	A	88 (368)	🟢
Bier, dunkel	4	A	39 (164)	🟢
→ 1 Glas (330 ml)	13,2	A	129 (541)	🟢

	Kohlen-hydrate g	KE-BE	kcal (kJ)	
Export	4	A	43 (180)	●
→ 1 Glas (330 ml)	13,2	A	142 (594)	●
Kölsch	4	A	42 (176)	●
→ 1 Glas (200 ml)	8	A	84 (352)	●
Bier mit Limonade	6	A	46 (192)	●
→ 1 Glas (330 ml)	19,8	A	152 (634)	●
Pils, hell	4	A	42 (176)	●
→ 1 Glas (330 ml)	13,2	A	139 (581)	●
Pils, alkoholarm	5	A	26 (109)	●
→ 1 Glas (330 ml)	16,5	A	86 (360)	●
Pils, alkoholfrei	6	A	28 (117)	●
→ 1 Glas (330 ml)	19,8	A	92 (386)	●
Diätbier	1	A	27 (113)	●
→ 1 Glas (330 ml)	3,3	A	89 (373)	●
Doppelbockbier	7	A	59 (248)	●
→ 1 Glas (330 ml)	23,1	A	195 (818)	●
Malzbier	8,8	A	52 (218)	●
→ 1 Glas (330 ml)	29	A	172 (719)	●
Weizenbier (Weißbier)	8,8	A	43 (180)	●
→ 1 Glas (500 ml)	44	A	215 (900)	●

Weine und Sekte

	Kohlen-hydrate g	KE-BE	kcal (kJ)	
Apfelwein (Most)	0,5	A	46 (193)	●
→ 1 Glas (200 ml)	1	A	92 (386)	●
Federweißer	7	A	78 (326)	●
→ 1 Glas (125 ml)	8,8	A	98 (408)	●
Glühwein	10	A	92 (385)	●
→ 1 Glas (200 ml)	20	A	184 (770)	●
Portwein	6	A	157 (656)	●
→ 1 Glas (60 ml)	3,6	A	94 (394)	●
Rotwein, leicht	0,5	A	65 (272)	●
→ 1 Glas (125 ml)	0,6	A	81 (340)	●
Rotwein, schwer	1	A	78 (326)	●
→ 1 Glas (125 ml)	1,3	A	98 (408)	●
Sangria	4	A	100 (418)	●
→ 1 Glas (200 ml)	8	A	200 (836)	●
Schorle	0,5	A	35 (146)	●
→ 1 Glas (200 ml)	1	A	70 (292)	●

	Kohlen-hydrate g	KE-BE	kcal (kJ)	
Sekt, trocken	1	A	76 (318)	●
→ 1 Glas (125 ml)	1,3	A	95 (398)	●
Sekt, süß	3	A	110 (460)	●
→ 1 Glas (125 ml)	3,8	A	138 (575)	●
Sherry, medium	4	A	118 (493)	●
→ 1 Glas (60 ml)	2,4	A	71 (296)	●
Weißherbst (Rosé)	1	A	74 (309)	●
→ 1 Glas (125 ml)	1,3	A	93 (386)	●
Weißwein, trocken	1	A	68 (284)	●
→ 1 Glas (125 ml)	1,3	A	85 (355)	●

Liköre und Spirituosen

	Kohlen-hydrate g	KE-BE	kcal (kJ)	
Bitterlikör	15	A	239 (1000)	●
→ 1 Glas (20 ml)	3	A	48 (200)	●
Eierlikör	20	A	271 (1133)	●
→ 1 Glas (20 ml)	4	A	54 (227)	●
Korn, 32 Vol%	0	A	182 (761)	●
→ 1 Glas (20 ml)	0	A	36 (152)	●
Kräuterlikör	15	A	239 (1000)	●
→ 1 Glas (20 ml)	3	A	48 (200)	●
Obstbrand	0	A	256 (1070)	●
→ 1 Glas (20 ml)	0	A	51 (214)	●
Rum, 54 Vol%	0	A	307 (1283)	●
→ 1 Glas (20 ml)	0	A	61 (257)	●
Weinbrand, Cognac	0	A	234 (978)	●
→ 1 Glas (20 ml)	0	A	47 (196)	●
Wermut, trocken	25	BE	120 (502)	●
→ 1 Glas (20 ml)	5	A	24 (100)	●
Wermut, süß	35	A	190 (794)	●
→ 1 Glas (20 ml)	7	A	38 (159)	●
Whisky	0	A	250 (1046)	●
→ 1 Glas (20 ml)	0	A	50 (209)	●
Wodka	0	A	235 (982)	●
→ 1 Glas (20 ml)	0	A	47 (196)	●

A = nur nach ärztlicher Rücksprache

Süßwaren und Süßspeisen

	Kohlen-hydrate g	KE-BE	kcal (kJ)	🔴🟡🟢
Süße Brotaufstriche				
Apfelkraut	55	5	245 (1026)	🟢
→ 1 EL (10 g)	5,5	0,5	25 (103)	🟢
Birnenkraut	60	5,5	282 (1199)	🟢
→ 1 EL (10 g)	6	0,5	28 (120)	🟢
Gelee	57	5,2	278 (1162)	🟢
→ 1 EL (10 g)	5,7	0,5	28 (116)	🟢
Honig	80	7,3	325 (1360)	🟢
→ 1 EL (10 g)	8	0,7	33 (136)	🟢
Konfitüre, einfach	52	4,7	250 (1045)	🟢
→ 1 EL (10 g)	5,2	0,5	25 (105)	🟢
Konfitüre, kalorienreduziert	20	1,8	96 (401)	🟢
→ 1 EL (10 g)	2	0,2	10 (40)	🟢
Nuss-Nougat-Creme	54	4,9	540 (2257)	🟢
→ 1 EL (10 g)	5,4	0,5	54 (226)	🟢
Pflaumenmus	53	4,8	219 (915)	🟢
→ 1 EL (10 g)	5,3	0,5	22 (92)	🟢
Süßungsmittel und Sirup				
Ahornsirup	60	5,5	269 (1229)	🟢
→ 1 EL (10 g)	6	0,5	27 (123)	🟢
Apfeldicksaft	79	7,2	245 (1026)	🟢
→ 1 EL (10 g)	7,9	0,7	25 (103)	🟢
Birnendicksaft	79	7,2	282 (1199)	🟢
→ 1 EL (10 g)	7,9	0,7	28 (120)	🟢
Fruchtzucker	100	9,1	400 (1672)	🟢
→ 1 EL (10 g)	10	0,9	40 (167)	🟢
Gelierzucker	99	9	385 (1609)	🟢
→ 1 EL (10 g)	9,9	0,9	39 (161)	🟢
Himbeersirup	80	7,3	274 (1146)	🟢
→ 1 EL (10 g)	8	0,7	27 (115)	🟢
Isomalt	50*	4,5	240 (1003)	🟢
→ 1 EL (10 g)	5	0,5	24 (100)	🟢
Milchzucker	100	9,1	400 (1672)	🟢
→ 1 EL (10 g)	10	0,9	40 (167)	🟢

	Kohlen-hydrate g	KE-BE	kcal (kJ)	🔴🟡🟢
Sorbit	50*	4,5	240 (1003)	🟢
→ 1 EL (10 g)	5	0,5	24 (100)	🟢
Traubenzucker	100	9,1	365 (1526)	🟢
→ 1 EL (10 g)	10	0,9	37 (153)	🟢
Vanillinzucker	100	9,1	400 (1672)	🟢
→ 1 EL (10 g)	10	0,9	40 (167)	🟢
Zucker	100	9,1	399 (1668)	🟢
→ 1 EL (10 g)	10	0,9	40 (167)	🟢

* = verwertbare Kohlenhydrate

	Kohlen-hydrate g	KE-BE	kcal (kJ)	🔴🟡🟢
Süßigkeiten				
Schokolade Crisp	52	4,7	480 (2006)	🟡
→ 1 Riegel (16 g)	8,3	0,8	77 (321)	🟡
Schokolade Joghurt	55	5	555 (2320)	🔴
→ 1 Riegel (16 g)	8,8	0,8	89 (371)	🔴
Schokolade Marzipan	52	4,7	505 (2111)	🔴
→ 1 Riegel (16 g)	8,3	0,8	81 (338)	🔴
Schokolade Vollmilch	59	5,4	550 (2299)	🔴
→ 1 Riegel (16 g)	9,4	0,9	88 (368)	🔴
Schokolade Vollmilch mit Nuss	50	4,5	560 (2341)	🔴
→ 1 Riegel (16 g)	8	0,7	90 (375)	🔴
Schokolade, weiße	56	5,1	529 (2211)	🔴
→ 1 Riegel (16 g)	9	0,8	85 (354)	🔴
Schokolade Zartbitter-Sahne	45	4,1	520 (2174)	🔴
→ 1 Riegel (16 g)	7,2	0,7	83 (348)	🔴
Die Weiße	56,6	5,1	555 (2316)	🔴
→ 1 Reihe (17 g)	9,6	0,9	94 (393)	🔴
Die Weiße Crisp	59,7	5,4	539 (2254)	🟡
→ 1 Reihe (17 g)	10,1	0,9	92 (383)	🟡
Kinderschokolade	53	4,8	540 (2257)	🔴
→ 1 Riegel 12,5 g	6,6	0,6	68 (284)	🔴
After Eight	74,6	6,8	418 (1760)	🟡
→ 1 Stück (8 g)	6,2	0,6	35 (146)	🟡
After Eight Any Time	77,7	7,1	425 (1800)	🟡
→ 1 Stück (2 g)	1,2	0,1	6 (27)	🟡

	Kohlen-hydrate g	KE-BE	kcal (kJ)	
After Eight Fine Sticks	56,6	5,1	526 (2201)	●
→ 1 Stück (4 g)	2,5	0,2	23 (95)	●
After Eight Irish Cream	73,3	6,7	416 (1750)	●
→ 1 Stück (8 g)	6,1	0,6	35 (145)	●
After Eight Milde Orange	73,8	6,7	415 (1746)	●
→ 1 Stück (8 g)	6,1	0,6	34 (145)	●
After Eight My Favourite (i. D.)	49	4,5	517 (2156)	●
→ 1 Stück (8 g)	3,8	0,3	40 (168)	●
Choclait Chips (braun)	59,4	5,4	486 (2036)	●
→ 1 Portion (20 g)	11,9	1,1	97 (407)	●
Choclait Chips White	59,5	5,4	514 (2150)	●
→ 1 Portion (20 g)	11,9	1,1	103 (430)	●
Choco Crossies	56,6	5,1	500 (2088)	●
→ 1 Portion	11,3	1	100 (418)	●
Crispos (20 g)	60,2	5,5	468 (2036)	●
→ 1 Stück (4 g)	2,4	0,2	19 (81)	●
Caramac	54,4	4,9	563 (2348)	●
→ 1 Riegel (30 g)	16,3	1,5	169 (702)	●
KitKat	62,7	5,7	503 (2108)	●
→ 1 Riegel (45 g)	28,2	2,6	226 (949)	●
KitKat Cappuccino	62,5	5,7	503 (2107)	●
→ 1 Riegel (45 g)	28,1	2,6	226 (948)	●
KitKat Cappuccino Mini	62,5	5,7	503 (2107)	●
→ 1 Riegel (17 g)	10,4	0,9	83 (349)	●
KitKat Chunky	59,4	5,4	512 (2143)	●
→ 1 Riegel (50 g)	30,2	2,7	261 (1091)	●
KitKat Chunky Hazelnut Cream	58,1	5,3	537 (2247)	●
→ 1 Riegel (50 g)	29	2,6	268 (1124)	●
KitKat Chunky Mini	62,5	5,7	505 (2115)	●
→ 1 Riegel (16 g)	10,1	0,9	82 (343)	●
KitKat Chunky Peanut Butter	54,9	5	537 (2247)	●
→ 1 Riegel (50 g)	27,4	2,5	268 (1124)	●
KitKat Chunky White	59,3	5,4	530 (2217)	●
→ 1 Riegel (48 g)	29,6	2,7	264 (1105)	●
KitKat Mini	62,7	5,7	503 (2109)	●
→ 1 Riegel (17 g)	10,5	1	84 (352)	●
KitKat Pop Choc	57,8	5,3	521 (2179)	●
→ 1 Packung (36 g)	20,8	1,9	188 (784)	●

	Kohlen-hydrate g	KE-BE	kcal (kJ)	
KitKat Strawberry&Joghurt	60,3	5,5	515 (2157)	●
→ 1 Riegel (45 g)	27,1	2,5	232 (971)	●
KitKat Strawberry&Joghurt Mini	60,3	5,5	518 (2158)	●
→ 1 Riegel (17 g)	10,1	0,9	86 (360)	●
Lion	65	5,9	503 (2108)	●
→ 1 Riegel (45 g)	29,2	2,7	226 (947)	●
Lion Kingsize	65	5,9	503 (2108)	●
→ 1 Riegel (69 g)	44,9	4,1	347 (1454)	●
Lion Mini	65,3	5,9	502 (2102)	●
→ 1 Riegel (17 g)	10,8	1	84 (351)	●
Lion Pop Choc	59,9	5,4	520 (2176)	●
→ 1 Packung (36 g)	21,6	2	187 (783)	●
Lion White	58,9	5,4	478 (2003)	●
→ 1 Riegel (45 g)	26,5	2,4	215 (901)	●
Nuts	62,2	5,7	487 (2039)	●
→ 1 Riegel (50 g)	31	2,8	244 (1020)	●
Nuts Kingsize	62,2	5,7	493 (2064)	●
→ 1 Riegel (70 g)	43,6	4	345 (1445)	●
Nuts Mini	62,1	5,6	488 (2043)	●
→ 1 Riegel (18 g)	10,9	1	85 (358)	●
Rolo	68,5	6,2	467 (1959)	●
→ 1 Portion (46 g)	31,5	2,9	215 (901)	●
Rolo King Size	70,1	6,4	470 (1973)	●
→ 1 Stück (9 g)	6,3	0,6	42 (177)	●
Rolo Little	63,8	5,8	488 (2027)	●
→ 1 Portion (50 g)	32,2	2,9	244 (1024)	●
Smarties	71,5	6,5	456 (1919)	●
→ 1 Stück (1g)	0,7	0,1	5 (19)	●
Smarties Fruity	92,4	8,4	380 (1620)	●
→ 1 Stück (2 g)	1,4	0,1	6 (24)	●
Smarties Mini Mini	71,4	6,5	457 (1920)	●
→ 1 Schachtel (15 g)	10,4	0,9	66 (278)	●
Gummibärchen	86	7,8	350 (1450)	●
→ 1 Stück (2 g)	2	0,2	7 (29)	●
Kaugummi	80	7,3	333 (1386)	●
→ 1 Stück (3 g)	2	0,2	10 (42)	●
Lakritze	84	7,6	390 (1638)	●
→ 1 Stück (2 g)	1,7	0,2	8 (32)	●

	Kohlen-hydrate g	KE-BE	kcal (kJ)	●

Speiseeis

	Kohlen-hydrate g	KE-BE	kcal (kJ)	●
Einfacheiscreme	20	1,8	133 (556)	●
→ 1 Kugel (30 ml)	6	0,5	40 (167)	●
Fruchteis	30	2,7	140 (585)	●
→ 1 Kugel (30 ml)	9	0,8	42 (176)	●
Schokoladeneis	17	1,5	728 (3043)	●
→ 1 Kugel (30 ml)	5,1	0,5	218 (913)	●
Vanilleeis	13	1,2	703 (2939)	●
→ 1 Kugel (30 ml)	3,9	0,4	211 (882)	●
Zitroneneis	15	1,4	685 (2863)	●
→ 1 Kugel (30 ml)	4,5	0,4	206 (859)	●
Milchspeiseeis	19	1,7	153 (641)	●
→ 1 Kugel (30 ml)	5,7	0,5	46 (192)	●
Rahmeis	16	1,5	264 (1104)	●
→ 1 Kugel (30 ml)	4,8	0,4	79 (331)	●
Softeis	14	1,3	134 (563)	●
→ 1 Tupfer (30 ml)	4,2	0,4	40 (169)	●

Backmischungen, gebacken, z. B. von Dr. Oetker

	Kohlen-hydrate g	KE-BE	kcal (kJ)	●
Nuss Kuchen	49	4,5	400 (1660)	●
→ 1 Stück n. Packungsangabe	28,1	2,6	229 (952)	●
Kokos Kuchen	43,2	3,9	424 (1769)	●
→ 1 Stück n. Packungsangabe	19,3	1,8	189 (790)	●
Kleine Kuchen – Käse Streusel	38	3,5	270 (1136)	●
→ 1 Stück n. Packungsangabe	39,4	3,6	280 (1179)	●
Kleine Kuchen – Schoko Kirsch	45	4,1	344 (1438)	●
→ 1 Stück n. Packungsangabe	34,9	3,2	267 (1114)	●
Kleine Kuchen – Apfel Mandel	28	2,5	225 (941)	●
→ 1 Stück n. Packungsangabe	27	2,5	217 (906)	●
Donauwellen	32,8	3	341 (1422)	●
→ 1 Stück n. Packungsangabe	32,8	3	341 (1422)	●
Kirschli Kuchen	40	3,6	341 (1429)	●
→ 1 Stück n. Packungsangabe	33,3	3	284 (1191)	●
Käse-Sahne Torte	21	1,9	240 (1006)	●
→ 1 Stück n. Packungsangabe	31,5	2,9	360 (1509)	●
Russischer Zupfkuchen	35	3,2	379 (1582)	●
→ 1 Stück n. Packungsangabe	46,1	4,2	499 (2083)	●

	Kohlen-hydrate g	KE-BE	kcal (kJ)	●
Tortina Nuss-Sand-Kuchen	53	4,8	400 (1680)	●
→ 1 Stück n. Packungsangabe	36,7	3,3	277 (1162)	●
Bratapfel Kuchen	26	2,4	245 (1022)	●
→ 1 Stück n. Packungsangabe	36,2	3,3	341 (1422)	●
Cookies	63	5,7	443 (1860)	●
→ 1 Stück n. Packungsangabe	15,8	1,4	111 (465)	●
Muffins	48,5	4,4	337 (1418)	●
→ 1 Stück n. Packungsangabe	22	2	153 (644)	●
Zitronen Muffins	60	5,5	350 (1476)	●
→ 1 Stück n. Packungsangabe	31	2,8	181 (763)	●
Schoko Muffins	47	4,3	340 (1430)	●
→ 1 Stück n. Packungsangabe	22,3	2	162 (679)	●
Brownies	56,5	5,1	411 (1725)	●
→ 1 Stück n. Packungsangabe	24	2,2	175 (733)	●
Mandarinen Joghurt Kuchen	22,5	2	227 (947)	●
→ 1 Stück n. Packungsangabe	34,1	3,1	344 (1436)	●
Erdbeer Quark Kuchen	16,4	1,5	202 (844)	●
→ 1 Stück n. Packungsangabe	17,9	1,6	221 (921)	●
Kirsch Bananen Kuchen	22,7	2,1	244 (1018)	●
→ 1 Stück n. Packungsangabe	24,6	2,2	264 (1103)	●
Zitronen Frischkäse Kuchen	27	2,5	372 (1556)	●
→ 1 Stück n. Packungsangabe	24,8	2,3	341 (1426)	●

Desserts, servierfertig, z. B. von Dr. Oetker

	Kohlen-hydrate g	KE-BE	kcal (kJ)	●
Galetta – 1 Minuten Cremepudding				
Vanille-Geschmack	17	1,5	110 (460)	●
→ 1 Portion n. Packungsangabe	24,6	2,2	160 (667)	●
Galetta – 1 Minuten Cremepudding				
Schokolade	18	1,6	115 (480)	●
→ 1 Portion n. Packungsangabe	27	2,5	172 (719)	●
Paradies Creme Vanille Geschmack	17,8	1,6	124 (523)	●
→ 1 Portion n. Packungsangabe	16	1,5	112 (471)	●
Paradies Creme Schokolade	17,1	1,6	129 (542)	●
→ 1 Portion n. Packungsangabe	16	1,5	121 (507)	●
Paradies Creme Stracciatella	18,5	1,7	130 (550)	●
→ 1 Portion n. Packungsangabe	16,9	1,5	119 (503)	●

	Kohlen-hydrate g	KE-BE	kcal (kJ)	
Paradies Creme Sahne-Karamell	18,6	1,7	128 (540)	🟡
→ 1 Portion n. Packungsangabe	17	1,5	117 (493)	🟡
Paradies Creme Kokos mit Schokosplits	18,2	1,7	140 (587)	🟡
→ 1 Portion n. Packungsangabe	16,7	1,5	128 (537)	🟡
Paradies Creme Zitronen-Geschmack	19,4	1,8	136 (570)	🟡
→ 1 Portion n. Packungsangabe	18,1	1,6	127 (531)	🟡
Paradies Creme Bananen-Geschmack	17,8	1,6	131 (554)	🟡
→ 1 Portion n. Packungsangabe	16,1	1,5	119 (501)	🟡
Paradies Creme Pfirsich Geschmack	18,7	1,7	133 (559)	🟡
→ 1 Portion n. Packungsangabe	17,3	1,6	123 (516)	🟡
Mousse au Chocolat	20,3	1,8	154 (647)	🟡
→ 1 Portion n. Packungsangabe	17,4	1,6	132 (553)	🟡
Mousse au Chocolat feinherb	17,4	1,6	144 (604)	🟡
→ 1 Portion n. Packungsangabe	14,6	1,3	121 (507)	🟡
Mousse à la Vanille	19	1,7	136 (573)	🟡
→ 1 Portion n. Packungsangabe	14,7	1,3	105 (444)	🟡
Mousse Zitrone	25,7	2,3	160 (676)	🟡
→ 1 Portion n. Packungsangabe	22	2	137 (580)	🟡
Panna Cotta	18	1,6	198 (825)	🔴
→ 1 Portion n. Packungsangabe	27	2,5	297 (1235)	🔴
Creme Tiramisu	21,2	1,9	146 (614)	🟡
→ 1 Portion n. Packungsangabe	17	1,5	117 (491)	🟡
Creme Stracciatella	22,3	2	146 (616)	🟡
→ 1 Portion n. Packungsangabe	18,1	1,6	119 (501)	🟡
Rotweincreme	20,8	1,9	202 (845)	🔴
→ 1 Portion n. Packungsangabe	21,8	2	212 (887)	🔴
Götterspeise Waldmeister-Geschmack	16,4	1,5	71 (304)	🟢
→ 1 Portion n. Packungsangabe	25,1	2,3	108 (464)	🟢
Götterspeise Himbeer-Geschmack	16,4	1,5	72 (305)	🟢
→ 1 Portion n. Packungsangabe	25,1	2,3	110 (467)	🟢
Götterspeise Zitronen-Geschmack	16,4	1,5	71 (304)	🟢
→ 1 Portion n. Packungsangabe	25,1	2,3	108 (464)	🟢
Götterspeise Waldmeister-Geschmack Instant	15	1,4	63 (268)	🟢
→ 1 Portion n. Packungsangabe	22,5	2	95 (402)	🟢
Götterspeise Kirsch-Geschmack Instant	15	1,4	63 (268)	🟢
→ 1 Portion n. Packungsangabe	22,5	2	95 (402)	🟢

	Kohlen-hydrate g	KE-BE	kcal (kJ)	
Süßer Moment Milchshake Banane	15,4	1,4	106 (448)	🔴
→ 1 Portion n. Packungsangabe	36,3	3,3	250 (1057)	🔴
Süßer Moment Milchshake Erdbeere	15,4	1,4	106 (448)	🔴
→ 1 Portion n. Packungsangabe	36,3	3,3	250 (1057)	🔴
Süßer Moment Milchshake Vanille	14,8	1,3	104 (437)	🔴
→ 1 Portion n. Packungsangabe	34,6	3,1	243 (1023)	🔴
Aranca Mandarinen-Geschmack	17,3	1,6	94 (396)	🟢
→ 1 Portion n. Packungsangabe	18,4	1,7	100 (421)	🟢
Aranca Zitronen-Geschmack	17,2	1,6	93 (395)	🟢
→ 1 Portion n. Packungsangabe	18,3	1,7	99 (420)	🟢
Aranca Aprikose-Maracuja	17,8	1,6	96 (406)	🟢
→ 1 Portion n. Packungsangabe	19,1	1,7	103 (435)	🟢
Rote Grütze Himbeer-Geschmack m. Sago	17,5	1,6	71 (302)	🟢
→ 1 Portion n. Packungsangabe	26,9	2,4	109 (464)	🟢
Rote Grütze Himbeer-Geschmack	17,6	1,6	71 (303)	🟢
→ 1 Portion n. Packungsangabe	27,1	2,5	109 (466)	🟢
Kaltschale Erdbeere	16,2	1,5	66 (280)	🟢
→ 1 Portion n. Packungsangabe	48,8	4,4	199 (843)	🟢
Kaltschale Himbeer-Johannisbeer	15,2	1,4	62 (266)	🟢
→ 1 Portion n. Packungsangabe	45,4	4,1	185 (794)	🟢
Kaltschale Ananas-Maracuja-Geschmack	14,8	1,3	60 (257)	🟢
→ 1 Portion n. Packungsangabe	43,8	4	178 (761)	🟢
Joghurt Creme Himbeer-Geschmack	17	1,5	123 (520)	🟡
→ 1 Portion n. Packungsangabe	17,7	1,6	128 (542)	🟡
Joghurt Creme Zitronen-Geschmack	17	1,5	125 (530)	🟡
→ 1 Portion n. Packungsangabe	17,9	1,6	131 (557)	🟡
Joghurt Creme Erdbeer-Rhabarber-Geschmack	17	1,5	124 (520)	🟡
→ 1 Portion n. Packungsangabe	17,8	1,6	130 (543)	🟡
Quarkfein Erdbeer-Geschmack	14	1,3	104 (440)	🟢
→ 1 Portion n. Packungsangabe	17,7	1,6	131 (556)	🟢
Quarkfein Vanille Geschmack	14	1,3	104 (440)	🟢
→ 1 Portion n. Packungsangabe	17,7	1,6	131 (556)	🟢
Diät-Pudding Schoko	10,6	1	84 (353)	🟡
→ 1 Portion (150 g)	15,9	1,4	126 (530)	🟡
Diät-Pudding Vanille-Geschmack	9,3	0,8	78 (327)	🟡
→ 1 Portion (150 g)	13,9	1,3	117 (491)	🟡

	Kohlenhydrate g	KE-BE	kcal (kJ)	
Grießpudding Natur	16,1	1,5	122 (512)	●
→ 1 Portion (150 g)	24,1	2,2	183 (768)	●
Sahnepudding Vollmilch Schoko	15,8	1,4	158 (658)	●
→ 1 Portion (150 g)	23,7	2,2	237 (987)	●
Sahnepudding Bourbon Vanille	15,1	1,4	152 (634)	●
→ 1 Portion (150 g)	22,6	2,1	228 (951)	●
Sahnepudding Grieß natur	15,4	1,4	153 (638)	●
→ 1 Portion (150 g)	19,3	1,8	191 (798)	●
Paula Schokoladenpudding mit Vanille-Flecken	16,7	1,5	115 (484)	●
→ 1 Portion (125 g)	20,9	1,9	144 (605)	●
Paula Vanillepudding mit Schoko-Flecken	15,6	1,4	110 (463)	●
→ 1 Portion (125 g)	19,5	1,8	138 (579)	●
Wölkchen Schokolade-Haselnuss	17,1	1,6	142 (595)	●
→ 1 Portion (125 g)	21,4	1,9	178 (744)	●
Wölkchen Vanille	15,5	1,4	131 (547)	●
→ 1 Portion (125 g)	19,4	1,8	164 (684)	●
Wölkchen Klassische Schokolade	16,5	1,5	137 (576)	●
→ 1 Portion (125 g)	20,6	1,9	171 (720)	●
Wölkchen Cappuccino	18,4	1,7	140 (588)	●
→ 1 Portion (125 g)	23	2,1	175 (735)	●
Diät-Wölkchen Schokolade	9,3	0,8	111 (465)	●
→ 1 Portion (125 g)	11,6	1,1	139 (581)	●
Diät-Wölkchen Vanille	9,6	0,9	108 (452)	●
→ 1 Portion (125 g)	12	1,1	135 (565)	●
Wölkchen Pina Colada	17,7	1,6	145 (609)	●
→ 1 Portion (125 g)	22,1	2	181 (761)	●
Kirschgrütze mit Milchreis	22,4	2	122 (516)	●
→ 1 Portion (160 g)	35,8	3,3	195 (826)	●
Kirschgrütze mit Grieß	22,2	2	121 (510)	●
→ 1 Portion (160 g)	35,5	3,2	194 (816)	●
Kirschgrütze mit Vanillecreme	22,6	2,1	113 (479)	●
→ 1 Portion (160 g)	36,2	3,3	181 (766)	●
Jobst Kirschen & Joghurt	15,7	1,4	92 (389)	●
→ 1 Portion (150 g)	23,6	2,1	138 (584)	●
Jobst Erdbeeren & Joghurt	15,8	1,4	92 (389)	●
→ 1 Portion (150 g)	23,7	2,2	138 (584)	●
Jobst Heidelbeeren & Joghurt	15,1	1,4	89 (378)	●
→ 1 Portion (150 g)	22,6	2,1	134 (567)	●
Jobst Himbeeren & Joghurt	15,2	1,4	90 (381)	●
→ 1 Portion (150 g)	22,8	2,1	135 (572)	●
Jobst Pfirsich-Maracuja & Joghurt	16,7	1,5	96 (404)	●
→ 1 Portion (150 g)	25,1	2,3	144 (606)	●
Jobst Rote Grütze & Joghurt	17,6	1,6	100 (423)	●
→ 1 Portion (150 g)	26,4	2,4	150 (635)	●
Jobst Ananas & Joghurt	15,4	1,4	90 (381)	●
→ 1 Portion (150 g)	23,1	2,1	135 (572)	●
Götterspeise Waldmeister	17,2	1,6	75 (318)	●
→ 1 Portion (125 g)	21,5	2	94 (398)	●
Götterspeise mit Bourbon-Vanillesoße Himbeer	17,2	1,6	86 (363)	●
→ 1 Portion (160 g)	27,5	2,5	138 (581)	●
Götterspeise mit Bourbon-Vanillesoße Waldmeister	16,9	1,5	85 (358)	●
→ 1 Portion (160 g)	27	2,5	136 (573)	●
Götterspeise Bloody Orange	17,5	1,6	77 (327)	●
→ 1 Portion (125 g)	21,9	2	96 (409)	●
Götterspeise Green Lemon	17,5	1,6	77 (326)	●
→ 1 Portion (125 g)	21,9	2	96 (408)	●
Bourbon-Vanille-Soße	16,4	1,5	109 (457)	●
→ 2 EL (20 g)	3,3	0,3	22 (91)	●
Mousse au Chocolat	20,8	1,9	185 (775)	●
→ 1 Portion (100 g)	20,8	1,9	185 (775)	●
Mousse Weißwein	22,5	2	180 (755)	●
→ 1 Portion (100 g)	22,5	2	180 (755)	●
Mousse Rotwein	22,6	2,1	182 (762)	●
→ 1 Portion (100 g)	22,6	2,1	182 (762)	●
Mousse Caipirinha	21,5	2	176 (738)	●
→ 1 Portion (100 g)	21,5	2	176 (738)	●
Mousse Maracuja Cocktail	21,7	2	178 (745)	●
→ 1 Portion (100 g)	21,7	2	178 (745)	●

Rezeptverzeichnis